Hans Gerlach

KOCHEN FAST OHNE GELD

Mosaik bei
GOLDMANN

Hans Gerlach

KOCHEN FAST OHNE GELD

Mosaik bei
GOLDMANN

Impressum

MIX
Papier aus verantwortungsvollen Quellen
FSC® C011124

Verlagsgruppe Random House FSC-DEU-0100
Das für dieses Buch verwendete FSC®-zertifizierte Papier *Primaset* (FSC) liefert Grycksbo Papier AB, Schweden

1. Auflage

Umschlaggestaltung: Thomas Dreher
Fotos: Barbara Bonisolli
Fotoassistenz: Anja Prestel
Foodstyling: Hans Gerlach, Alexander Kühn
Versuchsküche: Alexander Kühn
Gestaltung: Thomas Dreher, München
Reproduktion: Lorenz & Zeller, Inning a. A.
Druck und Bindung: Mohn Media, Gütersloh
CH · Herstellung IH
Printed in Germany
ISBN 978-3-442-39209-4

www.mosaik-goldmann.de

Bedienungsanleitung

Für dieses Buch habe ich vor allem nach Wegen gesucht, um überflüssige Kosten zu vermeiden, die aus unseren Kochgewohnheiten entstehen. Das Einsparpotential ist groß. Und zwar ohne dabei am Geschmack zu sparen. Ein günstiger Nebeneffekt: Wer versucht, in der Küche kein Geld zu verschwenden, kocht automatisch klimaschonend. Die Rezepte funktionieren natürlich sehr gut, wenn Sie die Angaben genau befolgen – sie sind aber offen gedacht, als Anregungen und Beispiele zu den jeweiligen Themen. Ändern Sie die Rezepte, entwickeln Sie sie weiter! Ersetzen Sie zum Beispiel Gemüsesorten oder Früchte, die gerade schwer zu finden oder teuer sind, durch Gemüse oder Früchte der Saison. Lassen Sie Gewürze weg, die Sie nicht mögen, und verwenden Sie stattdessen eines Ihrer Lieblingsgewürze. Alles fürs Gelingen Wichtige steht in den Rezepttexten – ob Sie ihre Kräuter waschen oder nicht, können Sie gerne selber entscheiden.

Die Rezepte sind für 4 Personen gedacht, es sei denn es ist anders angegeben. Vor allem im Kapitel »Netzwerk Küche« sind die Mengen größer.

Die Mengen für einen Hauptgang sind immer größer als die für eine Vorspeise. Wenn Sie eine Vorspeise also als Hauptgang servieren, sollten Sie die Mengen etwas erhöhen.

Inhalt

Eine Frage der Haltung

Kochen ohne Geld heißt noch lange nicht Kochen ohne Geschmack. Gut, bei Studenten schon, oft jedenfalls. Erinnerlich ist mir in diesem Zusammenhang die Einladung zum Essen bei einem Freund vor über zwanzig Jahren. Wir waren jung, wir hatten kein Geld und mein Freund studierte Jura im ersten Semester. Er lebte in Bonn, genau gegenüber von der Gummibärchenfabrik, und es roch immer nach Weingummi bei ihm, was ich störend fand, weil man in seiner kleinen Wohnung immer das Gefühl hatte, unter Übergewicht zu leiden. Dieser Freund studierte also Rechtswissenschaften, was nicht unbedingt die Geschmacksknospen anregt. Ich habe von Menschen gehört, die mit einer Sprache auch die jeweilige Lebensart studieren und die Esskultur schätzen lernen. Damit ist es in der Juristerei nicht weit her, man ernährt sich von Papier und Google und Red Bull und sieht aus unerfindlichen Gründen auf Kommilitonen herab, die »Regionalwissenschaften Südostasien« studieren und sich gegenseitig auf das Feinste bekochen.

Dieser Jurastudent hatte also mit Kochen nichts im Sinn, aber mit Geld. Er achtete sehr genau darauf und führte darüber Buch, was er ausgab und wofür. Für Lebensmittel waren seine Investitionen erstaunlich gering. Kakerlaken können sich monatelang von der Gummierung einer Briefmarke ernähren, mein Freund brauchte lediglich dosenweise »Texas Feuerzauber« und Bier zum Überleben. Frühstück, Mittagessen und Abendessen waren ihm unbekannt, er befüllte seinen Studentenschlund einfach alle acht Stunden mit dem mehr oder weniger flüssigen Inhalt seines Dosenvorrates.

Und dann lud er mich zum Essen ein. Meine Besorgnis bezüglich der Speisefolge wischte er hinweg, indem er mir eine großartige Nudelsauce versprach, mit welcher er noch jede Koptologie-Studentin beeindruckt habe. Das beruhigte mich einigermaßen. Als er mir die Tür öffnete, trug er eine Kochschürze, was mich noch mehr beruhigte, weil es darauf hindeutete, dass er tatsächlich kochte und nicht nur erhitzte. Ich setzte mich auf seine Couch und wartete eine Weile. Vorfreude empfand ich nicht, mehr eine Art wissenschaftliche Neugier auf das, was er in seiner Ein-Mann-Küche anrichtete. Schließlich kam er mit zwei dampfenden Tellern herein und rief: »Voilà Monsieur: Penne mit BiFi-Sauce!« Er stellte die Teller ab und jubelte: »Glamour und Geschmack für weniger als eine Mark pro Portion.«

Es war unbeschreiblich. Schlecht. Und. Furchtbar. Aber er liebte es. Mein Freund hatte aus einer Zwiebel, Ketchup, Tomatenmark, süßem Paprikapulver, Zucker und einer zerschnippelten BiFi-Minisalami eine Pampe angerührt, bei deren Geruch sich sogar der ansonsten allgegenwärtige Weingummigestank beleidigt verzog. Das Erstaunliche an diesem Mahl, zu welchem er handwarmen Wermut einfachster Flaschenherkunft reichte, war aber nicht, dass es ihm schmeckte, sondern seine Begeisterung über den geringen Preis dieses Abendessens. Für ihn war günstig gut. Und zwar ganz unabhängig davon, wie es schmeckte.

Seit diesem traumatischen Abendessen, das sich wegen der schwierigen Verstoffwechselung der BiFi-Sauce über mehrere Tage ungut hinzog, war ich immer alarmiert, wenn jemand besonders günstiges Essen als ganz besonders gutes Essen anpries. Jahrelang eichte ich mich darauf, möglichst teuer zu speisen und mir dabei mit der Gewissheit den

Bauch vollzuschlagen, dass nur gut ist, was auch viel kostet. Das stimmt aber nur mit Einschränkungen. Viele der berühmtesten Rezepte sind ganz billig und stammen aus der Volksküche. Arme-Leute-Essen sagt man dazu, und es ist weltweit viel populärer als Reiche-Leute-Essen. Pizza ist so ein billiges, fast kostenloses Gericht. Eintopf auch. Die meisten Pastasaucen. Es kommt bloß darauf an, wie man die einfachen Zutaten zubereitet, dann schmecken sie auch Milliardären, die sonst keinen Apfel essen, der nicht mit Blattgold belegt wurde.

Kochen ohne Geld ist also keine Frage des Einkommens, sondern eine Frage der Haltung. Das habe ich begriffen, als ich mich mit Hans Gerlach anfreundete. Wenn er zum Eisessen einlädt, dann macht er nicht nur das Eis selber, sondern auch die Eiswaffeln. Dafür besitzt er ein sehr hübsches Eisen. Er kauft keine Glückskekse, er backt sie selbst und denkt sich mit seiner klugen Frau die darin verborgenen Sinnsprüche aus. Wenn Hans eine Suppe mit Würstchen macht, dann kauft er nicht einfach Würstchen, sondern bereitet sie selber zu. Bevor er einen Kräutersalat angeht, spaziert er durch seinen Garten und sieht nach, was darin Taugliches wächst. Er serviert auch Zufallsfunde wie Löwenzahn, selbst gemachtes Chutney oder Käse aus eigener Herstellung. Hans Gerlach probiert ständig aufs Neue, wie das Kochen funktioniert und meistens, so scheint es, geht es ganz leicht und erfordert weder große Investitionen noch hohen Aufwand.

Das bewundere ich sehr, denn bei ihm spielt nicht der materielle Wert der Zutat die wichtigste Rolle, sondern ihre Verwendbarkeit für ein Rezept. Auf diese Weise kann eine Gartenblume oder eine Kastanie oder ein Büschel Kresse viel kostbarer angesehen werden als ein teures Hühnchen vom Wochenmarkt, wobei Hans rein gar nichts gegen teure Hühnchen vom Wochenmarkt hat. Alles zu seiner Zeit.

Kochen ohne Geld, wie Hans Gerlach es versteht, ist Kochen mit Respekt. Für Hans ist günstig nicht deswegen gut, weil es ihm Geld spart, sondern weil es ihn inspiriert, mehr noch: herausfordert. Ich mag an dieser Einstellung, dass Hans hier kompromisslos altmodisch denkt, auch wenn er sonst ein sehr moderner Mensch ist. Ich glaube, er würde in seinem Garten gerne auch Tiere halten, Zicklein mit Milch aufziehen, Kühen Bier einmassieren. Er würde sie verwöhnen, möglicherweise sogar unernste Ausflüge mit ihnen machen, wenn es ihnen hälfe, hernach den perfekten Braten abzugeben. Hansens Garten ist für die Tierhaltung aber zu klein und das ist ein Jammer für Ziegen und Kühe.

Falls Sie noch wissen wollen, was aus dem Freund mit der BiFi-Sauce geworden ist: Er arbeitet heute bei einem DAX-Unternehmen als Controller. Er hat sich esskulturell emporgearbeitet und manchmal isst er vom Teller, meistens aber aus der Papierserviette. Er achtet nach wie vor besonders auf das Preis-Leistungs-Verhältnis seiner Mahlzeiten. Er tut dies aber aus ganz anderen Gründen als Hans Gerlach.

Jan Weiler

Jeden Tag genießen

Energiesparend, günstig und hocharomatisch

»Viel Holz vor der Hüttn« ist die Grundlage für bayerischen Frohsinn und für knusprigen Schweinebraten, ja für die gesamte Vielfalt der bayerischen Küche. Erst der Reichtum an Brennholz aus unseren Wäldern machte langwierige Kochvorgänge überhaupt möglich – ohne Backofen hätten wir weder Schweinebraten noch Rohrnudel jemals kennen gelernt. Praktisch auch, dass mit dem Herdfeuer während der langen, kalten Jahreszeit gleichzeitig der Aufenthaltsraum geheizt wurde. Heute muss ich zwar nicht mehr selber Bäume fällen, um das Herdfeuer in Gang zu halten, aber Energie kostet natürlich Geld und wird immer knapper.

Sparsame Haushaltsgeräte sind deshalb sinnvoll, doch noch sparsamer ist es, ein Haushaltsgerät gar nicht erst anzuschalten.

Intelligente Kochrezepte sind oft entstanden, um Engpässe auszugleichen: So wird zum Beispiel ganz selbstverständlich energiesparend gekocht in Ländern, in denen man auf kleinste Herdfeuer aus getrocknetem Kuhdung oder Holzkohlen angewiesen ist. Der asiatische Wok ist geradezu ein Symbol für schnelles Kochen mit wenig Energie. **Klein schneiden und kurz garen – das ist die erste und einfachste Regel für kostenbewusstes Kochen und Genießen im Alltag.**

Die zweite Regel lautet: Kaufen Sie günstig ein. Günstig einkaufen heißt in erster Linie etwas mehr Gemüse, etwas weniger Fleisch. Außerdem sind alle Zutaten zur jeweils passenden Jahreszeit besonders preiswert. So weit, so einfach. Unübersichtlich wird die Lage, wenn wir uns zusätzlich dafür interessieren wie sich der Preis zusammensetzt, den wir tatsächlich an der Kasse bezahlen müssen. Nehmen wir einen Apfel: Kommt er aus der Nähe, verursacht der Apfel keine Reisekosten – dafür sind Arbeitszeiten und Raummieten in Europa leider oft teurer als zum Beispiel in Chile oder Neuseeland. So kostet der Reiseapfel manchmal gleich viel oder sogar weniger als der lokal geerntete. Und seine Energiebilanz kann besser sein, als die eines lange gekühlten, einheimischen Lagerapfels zur falschen Jahreszeit. Je nachdem, welchen Apfel wir also wählen, fördern wir damit lokale Produzenten, große Handelsunternehmen oder globale Speditionsfirmen. Die Lage ist immer unübersichtlich, fast immer fehlen uns Informationen – im Supermarkt müssen wir uns aber ganz schnell für einen Apfel entscheiden. Wollen wir trotzdem die Verteilung unseres Geldes bei unserer Kaufentscheidung berücksichtigen, hilft die Faustregel: »Kaufe wenn möglich Obst und Gemüse aus der Region, in der Saison.«

GENIESSEN

JEDEN TAG

Die letzte der drei Grundregeln für günstiges Kochen nenne ich das »Curry-Prinzip«: Kombiniere kleine Mengen hocharomatischer Zutaten mit größeren Mengen preiswerter Zutaten. Eine kleine Menge eines Currygerichtes würzt eine riesige Schale Reis. Bei einer Fotoproduktion in Thailand waren die Würzmischungen so intensiv, dass der junge, eigentlich sehr belastbare Assistent in Tränen ausbrach, als er sich dem Wok nur näherte. Mit diesem Curry hätte man auch die biblischen Fünftausend speisen können. Das nenne ich sparsame Küche!

Frühlingskräutersuppe

Zeit: 20 Minuten

Kräuter sind einerseits so teuer, dass sie für Versuche mit kostensparender Küche kaum in Frage kommen, denn sie sättigen einfach zu wenig. Das gilt aber nur für Kräuterbündel, denn andererseits sind Kräuter auch eine billige Möglichkeit einfache Rezepte frisch und interessant zu machen. Vorausgesetzt, Sie kultivieren Ihre Kräuter selbst, in Blumentopf oder Beet. Supergünstig wäre es, selber zu säen, aber einige Kräuter wie Basilikum oder Petersilie sind da ein wenig zickig (Koriander und Rucola sprießen dagegen sehr willig). Wenn Sie Kräutertöpfchen kaufen, die Kräuter möglichst bald in größere Töpfe umsetzen und dann ab und zu gießen, so gedeihen die meisten sehr gut. In Basilikumtöpfen wachsen sehr viele Einzelpflanzen, die können Sie vorsichtig auseinanderziehen und dann sogar in vier oder fünf Töpfe verteilen.

1 Bund Suppengrün (ca. 300 g, z.B.: Lauch, Möhre, Sellerie, Petersilie), 1 Zwiebel, 1 Kartoffel, 1 EL Rapsöl, Salz, Pfeffer, 4 Eier (klein), 1 Bund gemischte Kräuter (z.B.: für Frankfurter grüne Sauce oder siehe unten), 1 EL Essig, 20 g Hartkäse

Suppengrün waschen und in Scheiben schneiden. Zwiebel und Kartoffel schälen und halbieren, ebenfalls in Scheiben schneiden. Alles zusammen im Öl 1–2 Minuten andünsten, mit Salz und Pfeffer kräftig würzen. Mit 1,2 l Wasser aufgießen, etwa 15 Minuten kochen, bis das Gemüse weich ist.

In der Zwischenzeit die Eier 5 Minuten wachsweich kochen, abschrecken und vorsichtig pellen. Kräuter waschen, trocken schütteln und zupfen. In die Suppe geben und mit einem Pürierstab oder im Mixer zerkleinern. Mit wenig Essig abschmecken. Die Suppe in die Teller schöpfen. Eier hineinlegen, evtl. mit zwei Gabeln halb aufreißen. Hartkäse über die Suppe reiben und servieren.

***Vor allem im Frühling** sind zarte aromatische Wildkräuter leicht zu finden. Sehr fein schmecken zum Beispiel natürlich gebleichte Löwenzahntriebe, die im Maulwurfshaufen wachsen. Auch Vogelmiere, Sauerampfer oder junge Brennnesseln können Ungeübte leicht erkennen. Die Kräutersuche gibt dem nächsten Sonntagsspaziergang ein zusätzliches Ziel, gleichzeitig wird die Suppe sehr aromatisch und noch günstiger.*

Sonntagsvariante

4 Teelöffel **griechischen Joghurt** oder halb geschlagene **Sahne** auf die Suppe geben.

Hühnerbrühe statt Wasser verwenden (siehe S.42).

Geröstete **Bauernbrot**-Scheiben mit Butter und Salz zur Suppe servieren.

Gemüsesuppe mit geriebenen Blitz-Nudeln

Zeit: 35 Minuten

Das Rezept für geriebene Nudeln stammt aus dem Allgäu. Wahrscheinlich hat die kulinarische Prägung unserer bayerischen Schwaben dafür gesorgt, dass dort selbst Nudeln aussehen wie Spätzle. Die kleinen geriebenen Nudeln haben einen schönen Biss und eignen sich sehr gut als Einlage für Brühen oder Suppe. Wer will, kann den Teig auch mit Eiern statt Wasser zubereiten, dafür benötigen Sie für 100 g Mehl jeweils ein Ei der Größe M.

Für die Nudeln: **Salz, 400 g Mehl**

Für die Suppe: **1 Lauchstange, 1/2 Fenchelknolle, 1 EL Öl, 250 ml Buttermilch, Salz, Pfeffer, Muskat**

180 ml Wasser mit 1 TL Salz verquirlen. Wasser und Mehl zu einem glatten, festen Nudelteig verkneten. Den Teig mit Folie umwickeln und 30 Minuten ruhen lassen. Anschließend ein Tablett oder ein Backblech mit wenig Mehl bestäuben, den Teig mit der groben Seite einer Kastenreibe auf das Tablett raspeln. Dabei entstehen ganz kurze Nudeln.

Während der Teig ruht, die Suppe zubereiten: Den Lauch längs halbieren und gründlich waschen. Anschließend zuerst der Länge nach in fingerbreite Streifen schneiden und dann quer in Rauten oder kleine Rechtecke schneiden. Fenchelknolle ebenfalls waschen, dann in möglichst dünne Scheiben schneiden – die fallen dann auseinander, so dass aus der Fenchelknolle Fenchelstreifen werden. (Den Strunk einfach mit in Scheiben schneiden).

Das Gemüse im Öl anschwitzen, mit Salz, Pfeffer und Muskat kräftig würzen. Mit Buttermilch und 1 l Wasser aufgießen, aufkochen und 5 Minuten kochen. Buttermilch flockt bei Hitze aus – das sieht zuerst seltsam aus, lässt sich aber nicht vermeiden. Nach kurzer Zeit setzen sich die Flocken aber ab – wie Sie auf dem Foto sehen – und die fertige Suppe schmeckt später wunderbar frisch säuerlich.

Geriebene Nudeln in die Suppe geben und darin 4 Minuten bissfest kochen. Abschmecken und sofort servieren.

Es müssen nicht immer Lauch und Fenchel sein: *Alle aromatischen Gemüsesorten eignen sich für diese Suppe. Ein Mitglied der Zwiebelfamilie sollte jedoch auf jeden Fall dabei sein, denn Zwiebelgewächse wirken als natürliche Geschmacksverstärker. Wer keine Buttermilch mag, ersetzt sie durch 2 Tomaten, ein bisschen Säure muss sein, sie gibt der Brühe Frische.*

Sonntagsvariante

Kräuter wie **Thymian oder Petersilie** zugeben.

Mit frischen oder getrockneten **Pilzen** verfeinern.

Graupen-Gazpacho

Zeit: 10 Minuten und 30 Minuten Garzeit

Im Spanischen ist der Gazpacho männlich und mehr sommerlicher Gemüsecocktail als ernstzunehmende Suppe. Wenn er denn doch die sättigende Funktion einer Mahlzeit übernehmen soll, kommen ein paar Hände voll Semmelbrösel in die Mixtur, die damit eigentlich zu einer typischen Brotsuppe wird (siehe auch S. 130). Die müssen Sie gar nicht kochen, sondern nur eine halbe Stunde quellen lassen und dann erst fein pürieren. Die Graupen in meiner Version erfüllen den gleichen Zweck, lassen dem Gazpacho aber seine sommerliche Eleganz.

100 g Graupen (Rollgerste), 1 Gurke, Salz, 4 Selleriestängel, 150 g Joghurt, Pfeffer, Kreuzkümmel, Paprikapulver, 2 EL Essig, 2 EL Olivenöl

Graupen mit 1,5 l Wasser aufkochen, salzen und zugedeckt bei schwacher Hitze 30 Minuten kochen lassen. Die Graupen abgießen, dabei das Kochwasser auffangen. Sollte etwa 1/2 l sein. Graupen kalt abschrecken, abtropfen lassen.

Etwa 1/4 der Gurke klein würfeln oder hacken, den Rest schälen und grob zerkleinern. Sellerie waschen. Die Spitzen der Selleriestängel aufbewahren, den Rest in Scheiben schneiden. Die Gemüsestücke mit Joghurt und dem Kochwasser fein pürieren und mit Salz, Pfeffer, Kreuzkümmel und Paprikapulver abschmecken.

Graupen mit Essig und 1 EL Olivenöl anmachen, mit den Gurkenwürfeln in 4 Gläser verteilen. Mit Gazpacho aufgießen, etwas Olivenöl in die Suppen träufeln und mit Selleriestängeln und Cocktaillöffeln servieren.

***Viele eher wässrige Gemüsesorten** eignen sich für den Gazpacho. Die meisten traditionellen Rezepte arbeiten zum Beispiel mit Tomaten. Ein Stück Zucchini oder ein paar Spinatblättchen ergänzen die Suppe sehr gut. Man kann sich darüber streiten, ob Knoblauch als Gewürz in den Gazpacho soll – ich mag rohen Knoblauch nur in Ausnahmefällen, würde aber eventuell eine zerkleinerte Knoblauchzehe mit den Graupen kochen.*

Sonntagsvariante

Basilikum oder Oliven in die Suppe mixen oder grob gehackt als Garnitur verwenden.

Eingelegte **Chiliringe oder Chilisauce** zum Abschmecken separat dazu servieren (siehe S. 118).

Nudeln mit mariniertem Gemüse

Zeit: 30 Minuten

Ein Sommergericht. Natürlich schmecken marinierte Gemüse auch im Winter, doch wirken Peperonata und Co. immer etwas deplaziert, wenn Schnee vor dem Fenster liegt. Vielleicht ist diese Wahrnehmung ein gesundes Zeichen unseres Gefühls für Jahreszeiten und ihre Produkte. Zum marinierten Gemüse passt jedenfalls der Blick auf eine sommerliche Landschaft. Servieren Sie die Nudeln als Salat, wenn die Sonne brennt. Oder als heiße Mahlzeit, wenn der Sommer eher verregnet daherkommt.

4 Zwiebeln, 4 Knoblauchzehen, 4 Möhren, 1 Fenchelknolle, 1 Rosmarinzweig, 1 Chilischote, 3 EL Öl, 1 EL Oliven, Salz, 400 g Spaghettini (oder andere Nudeln), 1–2 EL Essig

Zwiebeln, Knoblauch und Möhren schälen. Die Zwiebeln achteln. Knoblauch in dünne, die Möhren in fingerdicke Scheiben schneiden. Fenchelknolle waschen und vierteln. Das Fenchelgrün aufbewahren, die Knolle in schmale Spalten schneiden. Rosmarinnadeln gegen den Strich vom Zweig streifen und hacken. Chilischote in Ringe schneiden.

Alle vorbereiteten Zutaten mit 1 EL Öl 3 Minuten anbraten. Mit 100 ml Wasser aufgießen, salzen, die Oliven zugeben, bei schwacher Hitze 20 Minuten zugedeckt dünsten. Sobald das Gemüse wieder beginnt zu brutzeln, noch 2–3 EL Wasser zugeben, so oft wie nötig wiederholen. Zum Schluss soll das Gemüse fast weich sein, und es soll noch etwas Dünstfond im Topf sein.

Spaghettini nach Packungsanweisung bissfest kochen. Gemüse und Nudeln mischen, Essig und das restliche Öl zugeben, abschmecken, mit Fenchelgrün garnieren und sofort servieren.

***Wenn Sie die Nudeln kalt servieren,** können Sie das Gericht sehr gut vorbereiten. Dabei müssen Sie nur eines beachten: Olivenöl und Essig kommen zum Gemüse, und das wird erst unmittelbar vor dem Servieren mit den Nudeln gemischt. Am allerbesten schmeckt der Nudelsalat aber ganz frisch. Dafür die frisch gekochten Nudeln abgießen und dann ausnahmsweise ganz kurz mit kaltem Wasser überbrausen (bei fast allen anderen Nudelgerichten schadet das Abschrecken dem Ergebnis, hier nicht).*

Sonntagsvariante

Zerbröselten **Fetakäse** über die Nudeln streuen.

Einen Teil des Dünstwassers durch gewürfelte **Tomaten** ersetzen.

Rotkrautsalat mit Orangen und Ingwer

Zeit: 20 Minuten und 30 Minuten Ruhezeit

Kraut ist die sprichwörtliche Grundlage deutscher Küche, denn ohne Sauerkraut wären unsere Vorfahren im Winter an Vitaminmangel gestorben. Kein Wunder, dass uns diese Abhängigkeit irgendwann ein wenig auf die Nerven ging, so dass wir die Möglichkeiten der Globalisierung sofort und mit Begeisterung nutzten, um Kraut nur noch in Biergärten oder auf dem Münchner Oktoberfest essen zu müssen. Doch inzwischen begleiten uns Rucola, Brokkoli und Aubergine schon so lange im Alltag, dass wir die Aromen von Rosenkohl, Spitzkraut oder Rotkohl wieder ohne Vorurteile genießen können. Ein Genuss, der den Geldbeutel schont, weil alle Kohlsorten auch bei kaltem Wetter gut in Deutschland wachsen.

1/2 kleiner Rotkohl (ca. 1 kg), Salz, Pfeffer, Kreuzkümmel, 2 Orangen, 1 Zwiebel, 3 EL Öl, 2 EL Rosinen, 5 cm frische Ingwerwurzel

Den Kohl vierteln und in möglichst feine Streifen schneiden oder hobeln – am besten geht das mit einem speziellen Krauthobel. Die Kohlstreifen in einer Schüssel mit Salz, Pfeffer und Kreuzkümmel würzen, leicht drücken.

1/2 Orange auspressen, den Rest mit einem scharfen Messer so schälen, dass dabei auch die innere, weiße Haut entfernt wird. Orangen in Scheiben schneiden. Die Zwiebel schälen, halbieren und in Streifen schneiden. Mit 1 EL Öl in einem kleinen Topf 5 Minuten dünsten. Mit dem Orangensaft ablöschen, Rosinen zugeben, kurz einkochen und heiß über das Kraut schütten. Zugedeckt eine halbe Stunde ziehen lassen.

Ingwer schälen und fein reiben. Ingwer, Orangenscheiben und 1–2 EL Öl zum Rotkraut geben, den Salat abschmecken und servieren.

Das Prinzip Krautsalat: *Wie wird hartes, starres, rohes Gemüse angenehm bissfest und bekömmlich? Erstens: fein schneiden, zweitens: salzen, säuern und ziehen lassen, drittens: die salzig-saure Marinade vorher aufkochen und heiß über das Gemüse geben. Wer empfindlich auf rohe Gemüse reagiert, dünstet die ganze Mischung einfach 5 Minuten an, bevor Ingwer und Orangenscheiben dazu kommen. Das Prinzip Krautsalat funktioniert auch mit Kürbis oder Rote Bete (siehe folgende Doppelseite), Zucchini, Fenchel, Möhren, Spargel und vielen anderen Gemüsesorten.*

Sonntagsvariante

Dill oder Koriander passen gut dazu, gezupft und grob gehackt.

Mit **Bratkartoffeln** wird es ein Mittagessen.

Kürbis-Rote-Bete-Salat mit Meerrettichsalsa

Zeit: 35 Minuten und 30 Minuten Ruhezeit

Einen Salat mit rohem Kürbis habe ich vor kurzem beim Fotoshooting für einen Internet-Lieferdienst entdeckt. Als Rundum-Verwöhn-Service liefert die Firma jeden Tag vegane Gemüsegerichte für Frühstück, Mittag, Abendessen. Das hilft dabei den Körper von Giften zu befreien. Außerdem schmeckten die Mahlzeiten sehr gut – nur leider ist der Aufwand ziemlich hoch und damit auch der Preis. Doch »detoxen« muss überhaupt nicht teuer sein, im Gegenteil: Gerade günstige Zutaten wie Gemüse und Früchte helfen dabei.

300 g Rote Bete, 800 g Kürbis (feste Sorte, z.B. Butternut, Hokkaido oder auch Zucchini), Salz, Pfeffer, 4 EL Essig, 5 cm Meerrettichwurzel (ca. 50 g), 100 ml Dickmilch, 2 EL Rapsöl, 50 g Haselnüsse, 1 TL Zucker, 1 EL Butter

Rote Bete und Kürbis schälen. Kürbis halbieren und die Kerne mit einem Löffel herauskratzen. Das Gemüse in dünne Scheiben schneiden oder hobeln, diese in dünne Streifen schneiden. (Manche Küchengeräte erledigen beide Arbeitsschritte in einem, zum Beispiel Spiralschneider oder spezielle Gemüsehobel.) Gemüsestreifen mit Salz, Pfeffer und Essig würzen, sanft drücken, wie einen Krautsalat. Mindestens 30 Minuten ziehen lassen.

Meerrettich schälen, fein reiben und mit der Dickmilch mischen, salzen. Die Gemüsestreifen in ein Küchentuch oder ein Passiertuch legen, den Saft abpressen und auffangen (falls Sie Rote-Bete-Flecken an Ihrem Lieblingsküchenhandtuch vermeiden wollen, können Sie die beiden Gemüsesorten einfach getrennt salzen und ziehen lassen und nur die Kürbisstreifen im Küchentuch auspressen – diese Flecken lassen sich auswaschen.) Gemüsesaft etwas einkochen, mit dem Öl verrühren und mit Salz und Pfeffer abschmecken. Die Marinade mit den Gemüsestreifen mischen.

Haselnüsse in einer Pfanne ohne Fett rösten, bis sie beginnen zu duften. Zucker und Butter zugeben und karamellisieren lassen. Haselnusskaramell auf ein Arbeitsbrett geben, kurz abkühlen lassen. Haselnüsse grob hacken, leicht salzen und pfeffern. Salat anrichten, mit Meerrettichsalsa beträufeln und mit den süß-salzigen Haselnüssen bestreuen.

Sonntagsvariante

Geräucherte Fischfilets – dafür am besten einen ganzen Räucherfisch kaufen, die Filets abheben und zum Kürbis-Rote-Bete-Salat servieren. Kopf und Gräten mit Gemüseresten und einer Prise Salz, vielleicht auch noch ein paar Kräuterstielen in einen Topf geben, knapp mit Wasser bedecken und 20 Minuten köcheln lassen, abgießen – fertig ist die Basis für eine feine Gemüsesuppe oder ein Risotto mit Räucherfischaroma. Lässt sich gut einfrieren.

Blumenkohl-Linsen-Curry

Zeit: 40 Minuten und 25 Minuten Garzeit

Linsen mit Würstchen lösen bei mir angenehme Erinnerungen aus, die mit Schulfesten, Skiferien und ähnlichen Gelegenheiten verknüpft sind. Vielleicht weil Linsen selbst lieblose Behandlung in sehr großen Töpfen meistens ganz gut vertragen. Das Rezept für meine Curry-Linsen ist zwar ebenfalls recht robust, das Ergebnis schmeckt aber ganz anders als der Klassiker – wer will, darf trotzdem das eine oder andere Wienerle hineinschnippeln.

250 g rote oder gelbe Linsen, 1 kleiner Blumenkohl (ca. 1 kg), 1 Stange Lauch, 2 EL Öl, 3–4 EL Currypaste (s.u.), 1–2 EL (Reis-)Essig, Salz

Linsen mit 1 l Wasser aufkochen und ohne Salz ca. 15 Minuten bissfest kochen. Blumenkohl waschen, die Blätter entfernen, zarte Blätter aufbewahren. Blumenkohl in Röschen teilen, große Röschen in fingerdicke Scheiben schneiden. Lauch längs halbieren, gründlich waschen und in breite Streifen schneiden.

Das Gemüse – auch die Blumenkohlblättchen – mit etwas Öl in einer großen Pfanne oder einem Wok bei größter Hitze 3 Minuten braten, dabei ab und zu rühren. Currypaste zugeben, 2 Minuten mit dem Gemüse braten, anschließend mit Reisessig ablöschen. Linsen und 250 ml Wasser zugeben. Salzen und 5 Minuten bei mittlerer Hitze kochen. Am Ende der Garzeit sollte nur noch wenig Flüssigkeit im Topf sein. Topf vom Herd nehmen, noch einmal abschmecken. Das Curry anrichten und nach Belieben mit Joghurt servieren.

Selbst gemachte Currypaste *schmeckt noch besser als jede gekaufte. Die Mengenangaben müssen Sie nicht sonderlich genau befolgen, solange die grobe Richtung stimmt: 2 Peperoni längs halbieren, Stiel und Kerne entfernen – Sie können auch wesentlich mehr Peperoni oder auch Chilis verwenden, je nachdem wie scharf Sie gerne essen. Thaiköche würden die zehnfache Menge verwenden. 2 Knoblauchzehen und 4 cm Ingwerwurzel schälen. Falls vorhanden, die Wurzeln von einem Bund Koriander (aus dem Asienladen, im Supermarkt hat der Korianderbund keine Wurzeln mehr), mit Knoblauch, Peperoni und Ingwer grob hacken und dann mit Saft und Schale einer Zitrone, 2 EL Zucker, 1 TL Piment, 1 TL Koriandersamen, 1 TL Kurkumapulver, 1 TL Salz und 1 EL Öl im Blitzhacker oder im Mörser zu einer cremigen Paste verarbeiten.*

Sonntagsvariante

Mit grob gehackten **Korianderblättern** garnieren – die bleiben eventuell von der Currypaste übrig.

Wiener oder ähnliche Würstchen im Curry erwärmen.

Kürbispfannkuchen mit Lauchgemüse

Zeit: 35 Minuten

Die Köche der »Nouvelle cuisine« haben in den siebziger Jahren zu Recht gegen die allgegenwärtigen Mehlsaucen der deutschen und französischen Küche gekämpft. Heute sind sie aus Gastronomie und Kochbüchern weitgehend verschwunden, obwohl: Es gibt schon einige Saucen, die mit einer klassischen Mehlschwitze am besten schmecken. Denken Sie an Spargelcremesuppe, an die Bechamelsauce in der Lasagne – oder eben an ein cremiges Lauchgemüse.

Für die Pfannkuchen: **650 g Hokkaidokürbis (Alternative: Kartoffeln), Salz, 180 g Mehl, 50 g geriebener Hartkäse, 4 Eier, Pfeffer, Muskat, 1–2 EL Butter**

Für das Lauchgemüse: **1 Stange Lauch, 2 Scheiben Räucherspeck, 2 EL Kürbiskerne, 2 TL Mehl, 1 EL Rosinen, 2 EL Sauerrahm**

Kürbis waschen, die Kerne mit einem Löffel herauskratzen. Viele Kürbisse müssen Sie in der Küche schälen, manche auch nicht – zum Beispiel den Hokkaidokürbis. Das Fruchtfleisch auf einer Kastenreibe raspeln und mit 300 ml Wasser und einer Prise Salz zugedeckt etwa 20 Minuten dünsten, ab und zu umrühren. Sobald der Kürbis beginnt zu zerfallen, vom Herd nehmen und etwas abkühlen lassen.

In der Zwischenzeit die Lauchstange längs halbieren oder vierteln und gründlich waschen, dabei Wurzeln und welke Blätter entfernen (und für eine Gemüsebrühe einfrieren). Lauch quer in fingerbreite, Speck in dünne Streifen schneiden. Kürbiskerne in einer beschichteten Pfanne rösten, bis sie duften. Die Kürbiskerne aus der Pfanne nehmen und leicht salzen. Speck in die heiße Pfanne geben, bei schwacher Hitze anbraten. Mit Mehl bestäuben, Lauch und Rosinen zugeben, umrühren und mit 200 ml Wasser ablöschen. Salzen und pfeffern, zugedeckt 10 Minuten sanft kochen lassen.

Kürbis mit Mehl, Käse und Eiern verrühren und mit Salz, Pfeffer und Muskat abschmecken. Insgesamt ergibt das etwa 1 l Teig. In einer oder zwei beschichteten Pfannen mit wenig Butter bei schwacher bis mittlerer Hitze kleine Pfannkuchen backen. Die Pfannkuchen mit Lauchgemüse anrichten, mit Sauerrahm garnieren und mit Kürbiskernen bestreuen.

***Sie können Pfannkuchen jeder Art** im Ofen bei 80 Grad warm halten, bis alle Pfannkuchen fertig sind. Aber erstens kostet es Energie und zweitens schmecken alle Pfannkuchen frisch aus der Pfanne noch besser. Wenn möglich sollte sich also einer opfern und die Pfannkuchen backen, während die anderen schon mit dem Essen beginnen.*

Sonntagsvariante

Den Kürbis mit **Kokosmilch** statt Wasser garen.

Warmer Linsen-Kartoffel-Salat

Zeit: 15 Minuten und 40 Minuten Gar- und Ruhezeiten

Neben vielen anderen wichtigen Inhaltsstoffen enthalten Hülsenfrüchte, Getreide und Kartoffeln auch Eiweiß. Pflanzliche Proteine sind anders zusammengesetzt als tierisches oder menschliches Eiweiß, deshalb können wir Pflanzenproteine meist nicht komplett zu Körpereiweiß umbauen. Es sei denn – wir kombinieren Pflanzenproteine, die sich untereinander gut ergänzen. Traditionelle Gerichte aus fleischarmen Küchen arbeiten häufig mit solchen Kombinationen: Linsen und Spätzle, Pasta e fagioli oder südamerikanische Gerichte mit Bohnen und Mais nutzen den Effekt. Hier und auf den folgenden Seiten finden Sie drei Beispiele.

250 g Linsen, 500 g (festkochende) Kartoffeln, 1 Zwiebel, 1 Knoblauchzehe, 1 EL Senf, 4 EL Essig, 2 EL Öl, Salz, Pfeffer, Muskat, 1/2 Gurke, 1 Lauchzwiebel (siehe unten)

Linsen mit 1 l Wasser (oder Brühe) aufkochen und nach Packungsanweisung ca. 20 Minuten garen. Kartoffeln waschen und in 2 cm große Stücke schneiden. Nach 10 Minuten die Kartoffeln zu den Linsen geben. Gegen Ende der Garzeit Zwiebel und Knoblauch schälen und würfeln, unter die heißen Linsen rühren. Den Topf vom Herd nehmen und etwa 20 Minuten nachziehen lassen, so dass die Linsen den größten Teil der Restflüssigkeit im Topf aufsaugen können.

Senf, Essig und Öl zu den Linsen geben, mit Salz, Pfeffer und Muskat würzen. Gurke nach Belieben schälen oder auch nicht, der Länge nach vierteln, die Kerne entfernen (siehe S. 90), das Fruchtfleisch in Scheiben schneiden. Lauchzwiebel (oder Zwiebeltriebe, s.u.) in dünne Ringe schneiden. Linsensalat anrichten und mit Gurkenscheiben und Lauchzwiebeln bestreuen.

***In warmen Kellern und Küchen** treiben Zwiebeln schon nach relativ kurzer Lagerung oft aus. Die Zwiebel wird weich und unbrauchbar, ein hellgrüner Zwiebeltrieb schlängelt sich durch die Gemüsekiste. Der schmeckt erstaunlicherweise zart, knackig und frisch. Werfen Sie die Zwiebel keinesfalls weg, sondern lassen Sie diese Triebe 15–20 cm lang wachsen und verwenden Sie sie dann wie Schnittlauch oder Lauchzwiebeln.*

Sonntagsvariante

Geraspelte Wurzelgemüse wie **Möhren, Petersilienwurzeln oder Rote Bete** roh unter den Salat mischen, mindestens 20 Minuten ziehen lassen und vor dem Servieren noch einmal abschmecken.

Penne mit cremigen Bohnen

Zeit: 10 Minuten, gut 1 Stunde Garzeit
und etwa 1 Tag Quellzeit

Mein Freund Peter, der Tomatengärtner, weicht für dieses Rezept große Bohnenkerne aus seinem Garten mindestens 24 Stunden lang ein. Dann sind die Kerne so stark gequollen, dass man sie leicht aus ihrer Haut knipsen kann – so verringert sich die Garzeit und damit der Energieverbrauch. Vor allem aber bekommt das fertige Bohnenpüree auf diese Weise eine superzarte Prinzessin-auf-der-Erbse-Konsistenz.

150 g Bohnenkerne (große Sorte, z.B.: Käferbohnen oder andere Feuerbohnensorten), 4 Knoblauchzehen, 1 Zwiebel, 1 rote Paprikaschote, Salz, Pfeffer, 2 EL Olivenöl, nach Belieben: mediterrane Kräuter wie Salbei, Rosmarin oder Thymian, 400 g kurze Nudeln (z.B.: Penne oder Orecchiette), 1/2 Zitrone, Pfeffer

Bohnenkerne bis zu zwei Tage lang in kaltem Wasser einweichen. Anschließend für die Prinzessin-auf-der-Erbse-Version die Kerne aus den Schalen knipsen, für alle anderen kann die Haut dranbleiben. Immerhin bestehen sie überwiegend aus wertvollen Ballaststoffen (Sägespäne und Papiertaschentücher allerdings auch ...). Knoblauch leicht quetschen. Bohnen abgießen und mit 700 ml Wasser und dem Knoblauch aufkochen, bei schwacher Hitze je nach Sorte und Einweichzeit 30–40 Minuten lang weich kochen. Zum Schluss sollen die Bohnen gerade noch vom Kochwasser bedeckt sein.

Zwiebel schälen, halbieren und in Scheiben oder Streifen schneiden. Paprika waschen und halbieren, dabei Stiel und Kerne entfernen. Das Fruchtfleisch der Länge nach in breite Streifen schneiden. Wer will, zupft noch ein paar Kräuterblättchen. Alles zusammen mit 1 EL Olivenöl und einer kräftigen Prise Salz zugedeckt bei sehr schwacher Hitze 40 Minuten schmoren. Sobald das Gemüse beginnt Farbe anzunehmen, 3–4 Esslöffel Wasser zugeben um den Bratvorgang wieder zu stoppen.

Die Nudeln nach Packungsanweisung bissfest kochen. Ein paar Bohnen für die Garnitur beiseitelegen, den Rest mit ihrer Garflüssigkeit cremig pürieren und mit Salz und Pfeffer abschmecken. Die Nudeln abgießen (nicht abschrecken) und mit den geschmorten Paprika mischen, mit der Bohnensauce anrichten und mit Zitronensaft und dem restlichen Olivenöl beträufeln. Reichlich schwarzen Pfeffer über das Gericht mahlen und mit den restlichen Bohnen garnieren.

***Weder getrocknete Bohnen noch Erbsen** mag meine Tochter, dafür liebt sie Linsen. Das Gericht können Sie mit allen drei Hülsenfrüchten zubereiten, nur die Garzeiten ändern sich jeweils ein wenig. Die günstige Kombination von Hülsenfrucht- und Weizeneiweiß bleibt in allen drei Fällen sehr ähnlich.*

Sonntagsvariante

Sardellen, Krabben oder Schinkenstreifen ins fast fertige Gemüse geben.

Prinzip Tortilla

Zeit: 35 Minuten

Beim Kartoffelschälen fallen je nach Größe 15–25 % Verlust an. Viele Vitamine und noch mehr Geschmacksstoffe stecken in oder dicht unter der Kartoffelschale. Was spricht also dafür Kartoffeln zu schälen? Wenig. Schrubben Sie die goldenen Knollen lieber so gründlich, dass Sie die Schale später mitessen können und investieren Sie das gesparte Geld in gute Qualität, bei der es auch wirklich Spaß macht, ganz einfache Kartoffelgerichte zu essen.

800 g Kartoffeln, 2 EL Butter, Salz, Pfeffer, 6 Eier, 2 EL Milch, ca. 50 g Käsereste, 1/2 Bund Schnittlauch (oder Petersilie oder Kerbel oder Dill ...)

Kartoffeln gründlich waschen und mit Schale 2 cm groß würfeln, mit Butter und zwei kräftigen Prisen Salz und Pfeffer in eine große, beschichtete Pfanne geben. Mit Deckel bei mittlerer Hitze 20 Minuten bissfest braten, dabei ab und zu durchschwenken.

Eier in eine Schüssel schlagen, mit Milch verquirlen und würzen. Die Eier über die Kartoffeln gießen, die Pfanne rütteln, damit sich das Ei verteilt, anschließend wieder mit Deckel bei etwas schwächerer Hitze 10 Minuten stocken lassen. Schnittlauch fein schneiden.

Käse auf der Tortilla verteilen, den Deckel auflegen, 2 Minuten schmelzen lassen. Die Tortilla mit einem Pfannenwender in der Pfanne in Stücke teilen, vorsichtig herausheben und auf Teller setzen, mit reichlich Schnittlauch bestreuen und servieren.

Sonntagsvariante

Die Möglichkeiten sind hier fast unbegrenzt. Als Geschmacksverstärker eignen sich **Zwiebeln, Speck, Pilze, Sardellen, mediterrane Kräuter.**

Empfindliche Zutaten wie Sardellen oder Kräuter nur ganz kurz mitbraten, bevor die Eier dazukommen. Stabilere Zutaten wie Zwiebeln oder Speck etwas länger mit den Kartoffeln knusprig braten.

EXTRA

Kräuter und Sprossen

Kräuter selber ziehen

Kräuter sind einerseits so teuer, dass sie für Versuche mit kostensparender Küche kaum in Frage kommen, denn sie sättigen einfach zu wenig. Das gilt aber nur für Kräuterbündel, denn andererseits sind Kräuter auch eine billige Möglichkeit, einfache Rezepte frisch und ungewöhnlich schmecken zu lassen. Vorausgesetzt, Sie kultivieren Ihre Kräuter selbst.

Supergünstig wäre es, selber zu säen, vor allem die zartblättrigen Kräuter, die wir häufig in größeren Portionen verwenden. Leider sind einige davon recht zickig. Basilikum zum Beispiel keimt zwar zuverlässig, verträgt aber kaum einen kalten Lufthauch, vor allem im Babystadium. Petersilie benötigt bis zu fünf Wochen um zu keimen – noch dazu bei gleich bleibender, moderater Feuchtigkeit. Bei der Aussaat in ein Beet sollten Sie die Petersilienreihe unbedingt mit schnell keimenden Radieschensamen markieren. Sonst könnten Sie nämlich während der langen Wartezeit vergessen, wo Sie das Kraut irgendwann einmal gesät hatten. Koriander, Gewürzfenchel und Rucola sprießen dagegen sehr willig. Alle drei sind sogar im Blumentopf frostfest, gut geeignet für den kleinen Aromakick mitten im Winter. Gewürzfenchel und Estragon werden zwar oberirdisch trocken, treiben aber im folgenden Jahr neu aus.

Wenn Sie Kräutertöpfchen kaufen, sollten Sie die Pflanzen in größere Töpfe umsetzen und ab und zu gießen. So gedeihen die meisten sehr unproblematisch. In Basilikum- oder Schnittlauchtöpfen wachsen sehr vielen Einzelpflanzen, die können Sie vorsichtig auseinanderziehen und dann sogar auf vier oder fünf Töpfe verteilen. Wer einen mindestens hellgrünen Daumen hat, kann mehrjährige Kräuter wie Estragon, Salbei, Thymian oder Rosmarin aus Ablegern ziehen. Meiner Erfahrung nach verkraften Estragon und Salbei auch große Kälte und lieblose Behandlung, während Thymian und Rosmarin nicht jeden Winter überstehen. Gar nicht wegen zu tiefer Temperaturen, sondern weil die Pflanzen an sonnigen Wintertagen vertrocknen. Deshalb vor direkter Sonne schützen, ab und zu an frostfreien Tagen gießen.

Mikrolandwirtschaft

Sojasprossen und Kresse in Kästchen sind die bekanntesten Beispiele für Keimlinge, die nur aus den im Samenkorn gespeicherten Nährstoffen wachsen. Dafür reicht es, geeignete Samen einige Tage lang feucht zu halten. Es gibt allerlei Gerätschaften zu kaufen, die den Vorgang erleichtern sollen. Ein feuchter Wattebausch für kleine Samen wie die der Gartenkresse oder ein Nudelsieb für größere Samen tun es aber auch. Größere Samen (Erbsen, Mungbohnen o.ä.) einige Stunden einweichen. Das Sieb mit Küchenpapier auslegen. Samen abgießen, ins Sieb geben und mit Frischhaltefolie oder einem Glasdeckel abdecken. Einmal täglich wässern und schütteln, bis die Samen keimen und ein paar Zentimeter wachsen. Noch besser als diese klassischen Keimlinge gefallen mir »Mikrofelder« in flachen Schalen mit etwas größeren Sprossen. Sie schmecken intensiver als reine Keimlinge und bilden viel mehr Masse – fürs gleiche Geld. Dafür Schalen mit Löchern etwa 2 cm hoch mit Erde füllen. Es eignen sich zum Beispiel gebrauchte Plastik-Beerenschalen aus dem Supermarkt. Perfektionisten verwenden Anzuchterde oder sterilisieren zwei Drittel Gartenerde mit einem Drittel Sand in einem Dampftopf. Das verhindert ungeplante Keimlinge, muss aber nicht sein. Mikrofelder mit Senfkörnern, Pak Choi, Rucola, Erbsen, Mangold oder Sonnenblumenkernen ansäen und feucht halten. Jungpflanzen bei Bedarf ernten. Pak Choi und Fenchel habe ich auch schon aus dem Mikrofeld ins Gemüsebeet verpflanzt und dort dann zu normaler Größe wachsen lassen. Besonders günstiges Saatgut finden Sie im Handel für die Forst- und Jagdwirtschaft, z.B. bei www.samenhaus-jehle.de. Experimentieren Sie aber auch mit Samen aus Ihrem Gewürzregal (nicht bestrahlt, also Bio) – sortenrein oder gemischt. Die Ernten aus der Mikrolandwirtschaft sind klein, aber aromatisch!

Doppelnutzen

Einmal kochen, zweimal genießen

Sie kocht gerne. Sophia Loren hat zwei Kochbücher über die Küche ihrer neapolitanischen Familie verfasst und sogar die Hauptrolle in einem Film gespielt, in dem es – neben Familienstreitigkeiten, die sich in Wohlgefallen auflösen – vor allem um ein Gericht mit Doppelnutzen geht: In »Samstag, Sonntag, Montag« kocht Donna Rosa (Sophia Loren) Ragù alla napoletana, das klassische neapolitanische Sonntagsessen. Bei diesem Gericht entstehen gleichzeitig eine feine Tomatensauce mit Bratenaroma und geschmorte Rinderrouladen, die dieses Aroma liefern. Zuerst serviert Donna Rosa die Tomatensauce mit Pasta als »Primo«, ersten Gang, anschließend Rouladen als »Secondo«, Hauptgang. Man kann die beiden Gänge des Ragù aber natürlich auch zu zwei verschiedenen Mahlzeiten servieren.

Gerichte wie das Ragù alla napoletana entwickeln sich aus einer Haltung der Sparsamkeit. Eigentlich kein Wunder in einer Gegend, die in Literatur und Film in der Regel als arm und gefährlich beschrieben wird. Dabei war das reale Neapel schon im Mittelalter Handelsmetropole und königliche Residenz. Das Königreich Neapel erstreckte sich zeitweise sogar bis nach Sizilien. Wort und Methode für das »Ragù« stammen aus der Kultur französischstämmiger Herrscher Neapels. Ragoût bedeutet »Gericht aus Fleisch- oder Fischstückchen« und leitet sich her von dem französischen Verb ragoûter – den Gaumen reizen, Appetit machen. Nach Auffassung der Accademia italiana della cucina hat sich jedoch aus den Schmorgerichten reicher Aristokraten in Italien eine Methode entwickelt, mit der mittellose Bauern auch noch kleinste Spuren von Geschmack aus ärmlichsten Fleischresten extrahieren konnten. Nicht nur in Neapel, sondern unter anderem auch in der Gegend um Bologna. Vergessen Sie deshalb scheinbar authentische Rezepte für Ragù alle napoletana oder Spaghetti con Ragù alla bolognese, die fünf verschiedene Fleischsorten vorschreiben – es ging bei beiden nie um die Jagd nach komplexer Verfeinerung, sondern um die Verwertung vorhandener Zutaten. Und manchmal hatte der Metzger eben Reste von fünf verschiedenen Fleischstücken. Ähnliches gilt auch für Gerichte wie die französische Bouillabaisse – übrigens auch ein Gericht, das normalerweise in zwei Gängen serviert wird. Welche Fische in die Bouillabaisse kamen, richtete sich nach dem Angebot an kleinen, grätenreichen Fischen, die südfranzösische Fischer billig an arme Leute verkauften. Jedes genaue Rezept ist hier nur ein hilfloser Versuch, die lebendige Realität in ein museales Bild zu pressen.

Sowohl Ragù als auch Bouillabaisse sind immer ein Essen für Sonn- und Feiertage. Obwohl die Zutaten günstig sein müssen – oder zumindest sein mussten. Weil diese Rezepte ganz darauf ausgerichtet sind, die Aromen der verfügbaren Zutaten besonders gut in Szene zu setzen. Und so bildet auch hier Sparsamkeit keinen Gegensatz zu guter Küche.

DOPPELNUTZEN

Ragù alla napoletana: Pasta und Schmorfleisch

Zeit: 30 Minuten und 2–3 Stunden Schmorzeit

In Sophia Lorens Rezept, das mich zu diesem Kapitel angeregt hat, schmort die Diva Rouladen, die mit einer Speckscheibe, gehacktem Knoblauch und Petersilie gefüllt werden. Das ist schon fast eine Luxusversion des neapolitanischen Klassikers. Eigentlich fragt man den Metzger einfach nach ein paar preisgünstigen Reststücken, die sonst nur noch im Hackfleisch landen würden. Die sind zu klein für einen repräsentativen Braten, schmecken aber genauso gut – wenn nicht sogar besser, weil ihre Oberfläche größer ist als die eines einzelnen Stückes. So können sich nämlich mehr Röststoffe bilden.

Ca. 500 g Fleischstücke (z.B.: Rinder- oder Kalbsbraten, Kalbshaxe, Schweinehalsgrat, Schweineschulter, Speck o.ä. – mit Knochen etwas mehr), 3 EL Olivenöl, 1,2 kg Tomaten oder Pizzatomaten aus der Dose, 4 Knoblauchzehen, 4 Zwiebeln, Salz, Pfeffer, 1 großer Schluck Rotwein, 1 Bund Petersilie, 400 g Nudeln (z.B. Bucatini oder Rigatoni)

Die Fleischstücke bei mittlerer Hitze im Öl von allen Seiten goldbraun braten. Das dauert etwa 15 Minuten. Tomaten waschen und grob schneiden, dabei die Stielansätze entfernen. Knoblauch und Zwiebeln schälen und in Scheiben schneiden. Zum Fleisch geben, mit Salz und Pfeffer würzen und noch einige Minuten weiter braten. Mit Rotwein ablöschen, die Tomaten zugeben. Bei sehr schwacher Hitze 2–3 Stunden schmoren, bis das Fleisch fast zerfällt. Wenn die Sauce dabei zu dick einkocht, etwas Wasser aufgießen.

Die Petersilie waschen, trocken schütteln, zupfen und hacken. Petersilie in die Sauce geben, abschmecken. Fleischstücke mit wenig Sauce in einen zweiten, kleineren Topf umfüllen. Nudeln nach Packungsanweisung sehr bissfest kochen, abgießen und in der verbliebenen Sauce noch 1–2 Minuten fertig garen. Anrichten.

Doppelnutzen

Die multiplen Braten gibt es in Neapel als zweiten Gang, »Secondo«, zum Beispiel mit etwas gedünstetem Mangold oder einem kleinen Salat. Sie lassen sich aber auch sehr gut ***in der Sauce aufbewahren*** *– bis zu 1 Woche im Kühlschrank, einige Monate im Tiefkühlfach oder ebenfalls einige Monate im Keller, wenn Sie Braten und Sauce in Schraubdeckelgläser füllen und dann sterilisieren. Das lohnt sich vor allem für größere Mengen:*

Ein gefaltetes Küchentuch in einen großen Topf legen, die Gläser hineinsetzen. (Sie können die Gläser auch übereinander in den Topf stellen, durch Schraubdeckel oder durch mit Federklammern gesicherte Glasdeckel dringt kein Wasser ein.) Den Topf bis knapp unter den Rand des obersten Glases mit Wasser füllen – für heiße Gläser mit heißem Wasser, für kalte Gläser mit kaltem Wasser. Aufkochen, dann die Hitze reduzieren und 60 Minuten einkochen. Die fertigen Gläser mit einem Sieblöffel aus dem Topf nehmen, auf ein Tuch stellen und auskühlen lassen. Kontrollieren, ob alle Deckel gut schließen, offene Gläser kühl stellen und schnell verbrauchen.

Hühnerbrühe, Nuggets und Filets

Zeit: 40 Minuten

Wenn Sie ganze Hühner selber kochen, schonen Sie das Portemonnaie und fördern gleichzeitig die Gerechtigkeit im Welthandel. Warum? Die weitaus meisten Hühner kommen zerlegt in den Handel: Filet und Keulen finden Sie im Supermarkt, die weniger edlen Teile werden sehr billig z.B. nach Afrika exportiert und ruinieren dort die örtliche Geflügelzucht. Dabei ist es so einfach: Ein ganzes Huhn und eine ungeschält halbierte Zwiebel mit Wasser bedecken, mit einer kräftigen Prise Salz 45 Minuten kochen, abgießen, abschmecken. Wer will, gibt Knoblauch, Möhre, Kräuter, Gewürze oder getrocknete Pilze dazu, die Zwiebel reicht aber auch. Die fertige Brühe abgießen, das Fleisch kurz abkühlen lassen und dann von den Knochen lösen. Die Brühe vollständig abkühlen, das erstarrte Hühnerschmalz abnehmen und aufbewahren. Größere Mengen Brühe lassen sich perfekt einfrieren und veredeln später im Handumdrehen Suppen (siehe z.B. Nudelsuppe, S. 14, Rinderbrühe S. 50) und Risotto (siehe S. 60, Arancini).

600 g Kartoffeln, 400 g gekochtes Hühnerfleisch (s.o.), 1 Zwiebel, Hühnerschmalz aus der Brühe (s.o.), 1 Bund Koriander, 3 Eier, Salz, Pfeffer, Muskat, 5–6 EL Mehl, 100 g Brotbrösel (siehe S. 110), 200 ml Öl zum Ausbacken, 200 g Joghurt

Kartoffeln kochen. Hühnerfleisch hacken oder im Universalzerkleinerer grob zerkleinern. Zwiebel schälen, halbieren und klein würfeln, mit 1 EL Hühnerschmalz oder Butter 3 Minuten dünsten. Koriander zupfen und hacken. Die Kartoffeln abgießen, ausdampfen lassen und pellen. Kartoffeln mit einer Gabel nicht zu fein zerdrücken, mit Zwiebel, Koriander, zwei Eigelben und dem Hühnerfleisch verkneten, dabei mit Salz, Pfeffer und Muskat kräftig abschmecken.

Restliches Ei und Eiweiß in einem tiefen Teller mit der Gabel leicht anschlagen. Mehl und Brösel in zwei weitere Teller geben. Die Nuggetmasse mit feuchten Händen oder einer Krokettenpresse (www.millecroquettes.com) zu fingerdicken Nuggets formen, zuerst im Mehl, dann im Eiweiß und zuletzt in den Bröseln wälzen. Das restliche Hühnerschmalz in einer großen Pfanne zusammen mit dem Öl langsam erhitzen, damit die Restfeuchtigkeit aus dem Schmalz verdunsten kann. Kroketten darin bei großer Hitze 4–5 Minuten backen. Auf Küchenpapier abtropfen. Das Joghurt leicht salzen, verrühren und zu den Nuggets servieren.

Triplenutzen:

Es ist ziemlich leicht, die ***Hähnchenbrustfilets*** *aus einem ganzen Huhn auszulösen. Dann können Sie aus dem Rest immer noch Brühe kochen und Kroketten backen, zusätzlich aber auch die Filets 8–10 Minuten bei schwacher Hitze auf der Hautseite knusprig braten, umdrehen, 2 Minuten fertig braten und dann in Scheiben schneiden um damit ein anderes Gericht zu veredeln. Zum Beispiel gedünstetes Gemüse, Nudeln mit Tomatensauce, gemischten Salat. Probieren Sie es aus:*

Die Haut zwischen den Keulen und der Hähnchenbrust durchschneiden – die Stelle ist leicht zu finden, denn darunter liegt kein Fleisch. Dann das Huhn so legen, dass Sie von vorne auf die Brust sehen. Erst rechts, dann links vom Brustbein (aber möglichst nahe dran) ca. 1 cm tief schneiden, bis Sie auf den Brustkorb stoßen. Der Wölbung der Rippen folgen, bis Sie am Schultergelenk angelangt sind, also da wo der Flügel angewachsen ist. Entweder die ausgelöste Brust abschneiden oder das Schultergelenk durchtrennen und die Hähnchenbrust mit dem Flügel abschneiden.

Gemüsebrühe und Gemüsegratin

Zeit: 30 Minuten

Konventionell hergestellte Fertig-Brühe verdankt ihren Geschmack dem Erfindungsreichtum der chemischen Industrie und auch »Bio-Gemüsebrühe« schmeckt kaum nach Gemüse, sondern vor allem nach Hefeextrakten. Im Restaurant hingegen wandern Gemüsereste und -schalen mit oder ohne Fleischabschnitte in einen großen Topf, die Brühe entsteht so fast von selbst, und nach einiger Zeit wird sie abgegossen, die ausgekochten Reste kommen weg. Das Prinzip eignet sich auch für zu Hause, doch sind hier die Mengen oft zu klein. Was tun? Wir kochen eine Brühe nicht aus Resten, sondern aus den Stücken, die wir auch essen möchten. Die kochen wir aber nicht vollständig zu Brei, sondern gerade eben bissfest – so entsteht eine erstklassige Brühe und perfektes Gemüse als Gemüsebeilage, für Gemüsesalate oder für ein schnelles Gemüsegratin.

Für die Brühe: **1 Fenchelknolle, 1 Kohlrabi, 2 Zwiebeln, 200 g Möhren, 1 Bund Petersilie, Salz, Pfeffer, 2 Tomaten**

Für die Gratinmasse: **2 EL Brotbrösel (siehe S. 60), 2 EL geriebener Parmesan, 2 EL Milch, 2 EL Olivenöl**

Fenchelknolle waschen, Kohlrabi schälen, beides halbieren und in Spalten schneiden. Zwiebeln schälen und in etwa 1 cm dicke Ringe schneiden. Möhren schälen, schräg in dünne Scheiben schneiden. Petersilienblättchen zupfen und hacken. Die Stiele mit Küchengarn zusammenbinden und mit dem Gemüse und 1,2 l Wasser aufkochen, 10 Minuten bissfest kochen, mit Salz und Pfeffer abschmecken.

Während die Brühe kocht, die Tomaten 20 Sekunden in kochendes Wasser legen, abschrecken und abziehen. Die Früchte vierteln, Kerne in in die Brühe geben, das Fruchtfleisch würfeln. Tomatenschalen, wie auf S. 90 beschrieben, trocknen und pulverisieren. (Falls Ihnen das alles zu mühsam erscheint, lassen Sie die Haut dran – schmeckt genauso gut, nur entgeht Ihnen das Tomatensalz.)

Gemüsebrühe abgießen, Petersilienstiele entfernen. Das Gemüse in eine ofenfeste Form schichten, Tomaten und Petersilienblätter darauf verteilen, mit 100 ml Brühe übergießen. Alle Zutaten für die Gratinmasse miteinander verkrümeln, ebenfalls auf dem Gemüse verteilen. Das Gemüse auf der zweiten Schiene von oben unter dem Ofengrill etwa 5 Minuten gratinieren. Dazu passen Weißbrot oder Kartoffelpüree.

Doppelnutzen

Gemüsebrühe ist die ideale Basis für Risotto, Nudelsuppe und Co. – ähnlich wie auch Rinderbrühe oder Geflügelbrühe – Anwendungsbeispiele finden Sie dort (siehe S. 50 und S. 42) und bei den Suppen im ersten Kapitel. Besonders gut eignet sich unsere Gemüsebrühe für einen leichten, sommerlichen ***Gurkenlassi:***

1/2 Gurke schälen und längs vierteln. Das Kerngehäuse herausschneiden und mit etwa 1 l kalter Brühe, 500 g Joghurt und einer Prise Kreuzkümmel schaumig mixen. Gurkenstücke noch einmal jeweils der Länge nach halbieren, dann quer in möglichst dünne Scheiben schneiden. Lassi und Gurke in 4 große Gläser verteilen, nach Belieben mit Sprossen garnieren (siehe S. 34).

Kartoffelpüree und Kartoffelpogatschen

Zeit: 45 Minuten

Je mehr Kartoffeln Sie auf einmal kochen, desto weniger Energie benötigen Sie für jede einzelne Kartoffel. Ideal also, wenn Sie die Kartoffeln für zwei verschiedene Gerichte zusammen kochen. So wie in den klassischen »Resteverwertungen« Bratkartoffeln oder Berner Rösti aus am Vortag gekochten Kartoffeln. Auch Kartoffelpüree lässt sich sehr gut weiterverarbeiten, zum Beispiel zu ungarischen Pogatschen. Die passen zu saucigen Gerichten aller Art, zu Antipasti oder zu Käse.

1,5 kg größere Kartoffeln (mehlig kochend), 200 ml Milch, Salz, Muskat, 2 EL Butter, 2 Zwiebeln, 600 g Zucchini, 100 g Hackfleisch (eher fett als mager, Metzger verkaufen lieber größere Mengen: nehmen Sie 500 g und frieren Sie 4 Portionen davon ein), 1 EL Öl, 3 EL Balsamessig, Pfeffer, 2 EL Crème fraîche

Kartoffeln waschen und mit Schale dämpfen oder in Salzwasser kochen, je nach Größe, zwischen 20 und 40 Minuten. Kartoffeln abgießen und pellen. Milch aufkochen, mit Salz und Muskat sehr kräftig würzen, Kartoffeln mit einer Kartoffelpresse in den Milchtopf pressen, die Butter zugeben – wenig rühren, abschmecken. Sie können die Kartoffeln auch durch ein Sieb streichen, das ergibt das feinste Püree oder mit einem Kartoffelstampfer oder einer Gabel direkt im Topf zerdrücken, dann wird es etwas rustikaler.

Während die Kartoffeln kochen, ein Zucchiniragout vorbereiten: Zwiebeln schälen, halbieren, grob würfeln. Zucchini waschen und in Scheiben schneiden. Hackfleisch mit dem Öl in einer beschichteten Pfanne 5 Minuten krümelig hellbraun braten. Die Zwiebeln zugeben, noch einmal 4 Minuten braten. Zucchini zugeben, nach 3 Minuten mit Balsamessig ablöschen, mit Salz und Pfeffer würzen, Crème fraîche zugeben. Mit Deckel noch zwei Minuten ziehen lassen. Zucchiniragout mit Kartoffelpüree anrichten (dafür haben Sie noch 1 Minute Zeit).

Hoffen, dass etwa 400 g Püree übrig bleiben für die Pogatschen ...

Doppelnutzen

Für die **Pogatschen** 500 g Mehl mit 1 TL Salz in eine Schüssel geben, eine Mulde ins Mehl drücken. 1/2 Btl. Trockenhefe und 200 ml Wasser in die Mulde geben und darin mit etwas Mehl zu einem zähen Brei verrühren. 15 Minuten gehen lassen. 400 g Kartoffelpüree und 100 g zerlassene Butter zugeben, gut kneten, bis ein seidig-glatter Teig entstanden ist, der nicht mehr klebt. Mit einem feuchten Tuch und einem Stück Frischhaltefolie abdecken und im Kühlschrank mindestens 12 Stunden gehen lassen. Anschließend den Teig durchkneten und dann mit wenig Mehl etwa 1 cm dick ausrollen, 15 Minuten ruhen lassen. Zusammenfalten, noch einmal ausrollen. Ein drittes Mal wiederholen. Dann 5 cm große Kreise ausstechen, auf ein mit Backpapier ausgelegtes Blech setzen, mit Wasser oder mit Wasser und Eigelb bestreichen und mit Kümmel und Salz bestreuen. Die Teigreste wieder ausrollen und ausstechen, bis der Teig verbraucht ist. Auf der mittleren Schiene bei 200 Grad (Umluft 180 Grad) 20 Minuten goldbraun backen.

Gedünstete Lachsforellenfilets und Lachsforellenflips

Zeit: 25 Minuten

Nur Profis filetieren Fische. Das ist eine Einsicht aus meinen Workshops und Kochkursen der vergangenen Jahre. Nun sind aber ganze Fische immer frischer als Fischfilets. Weil manche Händler Fische filetieren, die sichtbar nicht mehr frisch sind. Diese Filets können sie dann nämlich vermeintlich unkundigen Kunden unterjubeln. Und weil große Fangschiffe, in denen Fisch schon an Bord zerlegt wird, lange reisen. Doch es gibt eine Lösung: einheimische Süßwasserfische. Zander, Forelle und Co. sind nach kurzem Transport schnell im Laden. Die Fischerei in unseren Gewässern ist unproblematisch, Zuchtfische gäbe es in der Regel sogar in Bio. Forellen sind nicht nur frisch, sondern auch günstig. Lachsforellen sind, anders als der Name andeutet, in der Regel einfach große Regenbogenforellen, mit Spezialfutter für die Färbung. Sie sind etwas teurer als die kleinen, dafür ist mehr Fleisch an den Gräten. Lassen Sie sich die Fische vom Fischhändler (oder Fischzüchter) schuppen und filetieren. Kochen Sie zu Hause eine Brühe aus den Gräten: etwas Gemüse dazu, vielleicht Kräuter, mit Wasser bedecken und 20 Minuten schwach kochen, abgießen – fertig ist die Basis für Fischsuppen, -saucen und -risotti.

1 Lachsforelle (ca. 800–1000 g, geschuppt und filetiert), 800 g kleine Kartoffeln, 3 Knoblauchzehen, 200 g breite Bohnen, nach Belieben 2 Stängel Bohnenkraut oder Thymian, 400 g Tomaten, Salz, Pfeffer, 1–2 EL Olivenöl

Fischfilets mit der Haut nach unten auf ein Schneidebrett legen, mit einem großen Messer zwischen Haut und Filet schneiden um die Filets zu häuten – dabei kommt es ausnahmsweise nicht darauf an, die Haut möglichst exakt vom Filet zu trennen, im Gegenteil: Es sollen 2–3 mm Fischfleisch an der Haut bleiben. Die Haut beiseitelegen, Filets in acht gleich große Stücke teilen.

Kartoffeln waschen und in Scheiben schneiden, knapp mit Wasser bedecken, salzen und zum Kochen bringen. Knoblauch schälen und hacken. Bohnen putzen und schräg in Streifen schneiden, nach 3 Minuten mit Knoblauch und Bohnenkraut zu den Kartoffeln geben. Tomaten waschen und würfeln, ebenfalls zum Gemüse geben. Nach etwa 12 Minuten Kochzeit die Lachsforellenfilets mit Salz und Pfeffer würzen, aufs Gemüse legen, den Deckel auflegen und vom Herd nehmen. 5 Minuten ziehen lassen. Anschließend den Fisch aus dem Topf heben und mit dem Gemüse auf tiefen Tellern anrichten. Mit Olivenöl beträufeln und servieren.

Doppelnutzen

Für die **Lachsforellenflips** Lachsforellenhaut in fingerbreite Streifen schneiden und in einer beschichteten Pfanne bei großer Hitze und mit einem großen Schluck Öl knusprig braun braten. Das dauert etwa 5 Minuten. Die fertigen Flips aus der Pfanne heben, auf Küchenpapier abtropfen lassen, mit Salz würzen und gemütlich mit den Fingern essen. Mayonnaise passt, süßsaure Chilisauce passt (mein Rezept dafür steht in »Kochen (fast) ohne Zeit«). Ein Salat passt auch dazu, dann aber auf Tellern und mit Besteck anrichten.

Spareribs und Rinderbrühe

Zeit: 15 Minuten und 2 Stunden Garzeit

Rinderrippen gehören in die Brühe, die ausgekochten Fleischstücke in den Fleischsalat. Beides schmeckt wunderbar, doch wirklich grandios sind Spareribs aus Rinderrippen. Der Metzger denkt normalerweise nicht an die ungewöhnliche Verwendung als Spareribs, schneidet die Rippen aber sicher gerne in passende Stücke, wenn Sie darum bitten.

Für die Brühe: 4 Zwiebeln, 4 Knoblauchzehen, 5 cm Ingwerwurzel, 6 EL Soja- oder Fischsauce, 1,5 kg Rinderrippen (ca. 8 cm lange Stücke)

Für die Ribs: 2 Peperoni, 4 cm Ingwerwurzel, 3 Knoblauchzehen, 1 EL Zitronensaft, 2 EL Soja- oder Fischsauce, 2 EL Öl, 2 EL Zucker, 2 TL Salz

Zwiebel, Knoblauch und Ingwer waschen und mit Schalen grob zerteilen. Alles mit 3 Litern Wasser aufkochen. Mit Soja- oder Fischsauce abschmecken. Spareribs zugeben und 2 Stunden bei schwacher Hitze garen. Den aufsteigenden Schaum zwischendurch immer mal wieder mit einem Sieblöffel abschöpfen.

Spareribs aus der Brühe nehmen und abkühlen lassen. Die Brühe durch ein feines Sieb gießen, abschmecken. Brühe für Nudelsuppe (siehe unten) oder Risotto (siehe S.42) verwenden, sie hält sich mindestens eine Woche im Kühlschrank oder mehrere Monate im Tiefkühlfach.

Peperoni längs halbieren, Stiel und Kerne entfernen. Ingwer und Knoblauch schälen, beides grob zerkleinern. Alles zusammen mit Zitronensaft, Sojasauce, Zucker und Salz in einem Blitzhacker oder Mörser zu einer Paste zerreiben. Die Rippchen damit einpinseln (oder für die Grillparty darin marinieren) und ca. 10 Minuten bei mittlerer Hitze im Ofen oder auf dem Grill von allen Seiten grillen, dabei zwei- oder dreimal mit der Marinade bestreichen.

Doppelnutzen

Für die **Rinderbrühe** für 4 Personen 1,2 l Brühe aufkochen, 200 g asiatische Suppennudeln oder kurze italienische Nudeln und eine Handvoll klein geschnittenes Gemüse in der Brühe ca. 10 Minuten kochen, anrichten und mit geriebenem Käse servieren.

Topfennudeln mit Mohn und Topfennudeln mit Salbei

In Bayern gibt es manchmal noch Topfennudeln zum Sauerkraut oder Topfennudeln mit Mohn als Nachspeise. Diesen »Doppelnutzen« vieler Knödel ermöglicht ein neutraler Teig, der entweder süß oder salzig vollendet wird. Um beide Varianten gleichzeitig zuzubereiten, müssen Sie die Mengen verdoppeln und die eine Hälfte vom Teig entweder zu Nudeln formen und einfrieren oder formen, kochen, abschrecken und an einem der folgenden Tage in der salzigen Version servieren.

600 g mehlig kochende Kartoffeln, 500 g Magerquark oder -topfen, 1 Ei, 250 g Mehl oder Spätzlemehl (heißt manchmal auch Weizendunst), Salz, Muskat, 4 EL weiche Butter, 4 EL gemahlener Mohn, 3 EL Zucker

Kartoffeln kochen oder dämpfen, pellen und abkühlen – am besten über Nacht, also vielleicht einfach am Vortag eine größere Menge kochen und zuerst einen Teil als Pellkartoffeln, Püree o.ä. servieren. Quark in einem Küchentuch ausdrücken und in einem Sieb über einer Schüssel einige Stunden abtropfen lassen.

Kartoffeln durch ein Sieb drücken oder mit einer Kartoffelpresse pürieren. Quark, Ei, Mehl, je eine Prise Salz und Muskat mit 1 EL weicher Butter und den Kartoffeln verkneten. Auf einer mit Mehl bestäubten Arbeitsfläche fingerdicke Stränge formen, in 6 cm lange Stücke schneiden und zwischen den Handflächen kurz rollen, bis die »Nudeln« spitze Enden bekommen.

Topfennudeln in schwach siedendem Salzwasser ca. 8 Minuten gar ziehen lassen. 3 EL Butter in einer großen beschichteten Pfanne aufschäumen lassen, Mohn und Zucker zugeben, kurz rösten und dann die Topfennudeln in die Pfanne heben. Vorsichtig durchschwenken und pur, mit Puderzucker oder mit Aprikosenkompott servieren.

Doppelnutzen

Für die **pikante Version, Topfennudeln mit Salbei,** 500 g Lauch längs halbieren, waschen und dann quer in Streifen schneiden. Mit 125 ml Wasser in einen Topf geben, salzen und zugedeckt bei mittlerer Hitze 10 Minuten dünsten. 100 ml Sahne zugeben, kurz einkochen und abschmecken. Die Blätter von 1/2 Bund Salbei zupfen, mit 3 EL Butter in einer großen beschichteten Pfanne 2 Minuten knusprig braten. Salbei mit einem Sieblöffel aus der Pfanne heben auf Küchenpapier abtropfen. Topfennudeln in der schäumenden Butter 10 Minuten knusprig braun braten, mit Lauchgemüse anrichten. Salbeiblätter leicht salzen und auf den Topfennudeln verteilen.

***Am allerbesten wäre der Wirkungsgrad,** wenn Sie Kartoffeln in einem Dampfdrucktopf garen – ganz abgesehen davon, dass Kartoffeln, die im Dampf gekocht werden, weniger Wasser aufnehmen als in Wasser gekochte Kartoffeln. So schmekken sie besser und binden auch Kartoffelteige besser. Es dauert allerdings eine Weile, bis sich Energieaufwand und Herstellungskosten für einen Dampfdrucktopf amortisieren, die Anschaffung will also gründlich erwogen werden.*

Netzwerk Küche

Martin

Henning, Leopold, Vincent, Mika, Moritz & Justin

Petra & Georg

Monika, Andreas, Rebecca, Johanna, Angelika & Annalena

Helmut & Elke

Hans

Rolf

Linus, Anna-Lena, Maren

Jochen, Anja, Leonie & Emma

Thomas, Patricia & Simon

Nikolai, Adrian, Uta, Valentin & Gilda

Marc, Karla, Konrad, Christoph & Annika

Lore & Adam

Jason

Die neue Großfamilie – wirtschaftlich kochen in großen Mengen

Dampf steht in der Luft. In der Garküche nahe der Hauptpost von Ho Chi Minh City sind alle Tische besetzt. Vietnamesen löffeln hier ihr Mittagessen. »Nuoc Mam« sagt einer und schiebt ein Schälchen her, in dem in einer wässrigen Soße klein gehackte Chilis und Limetten schwimmen. Ich rieche Fisch. Der Mann zeigt auf die Limettenbrühe, dann auf die Schale vor mir. Also rühre ich ein bisschen Brühe in meine Suppe. Schmeckt fischig, fleischig, nach Kräutern. Wunderbar.

Die meisten Gäste essen hier nicht, um sich den Luxus eines Restaurantbesuches zu gönnen, sondern weil sie weder den Platz, noch die Geräte für eine eigene Küche bezahlen können. Streetfood in Vietnam – und in vielen anderen Ländern – ist eine kulturelle Errungenschaft der Armut. Bis vor ungefähr einem Jahrhundert dampften die Suppenkessel auch auf europäischen Straßen. Inzwischen sind unsere Löhne zu hoch, um mit niedrigen Verkaufspreisen am Straßenrand derart arbeitsintensive Küche zu finanzieren. Was bleibt sind Imbissbuden mit extrem einfacher Kost und hohem Vorfertigungsgrad. Currywurst, Pommes, Döner. Um im Haushalt Küche und Geräte zu sparen, könnte man höchstens auf Fertigprodukte, Wasserkocher und Mikrowelle in einer Kochnische ausweichen. Niemand muss in Deutschland wirklich hungern – doch im Alltag erschwert der Reichtum unseres Landes die gute Ernährung nicht so wohlhabender Bürger.

NETZWERK KÜCHE

Wer gesund und aromatisch essen und dennoch Rationalisierungseffekte nutzen will, der muss für viele kochen, nicht nur für einen. Am besten, man wechselt sich mit dem Kochen ab. Der Gedanke ist zwingend und nicht neu: Schon die traditionelle Großfamilie hat so gearbeitet, und während deren Zerfall haben viele große Architekten mit Gemeinschaftsküchen für moderne Wohngruppen experimentiert. Konzepte, in denen mindestens Raum und Küchengeräte von mehreren »Familien« genutzt werden und oft auch die Möglichkeit zur gemeinschaftlichen Verpflegung vorgesehen ist. Besonders radikal waren – wie man sich denken kann – die Experimente in der frühen Sowjetunion, und wie diese sind auch alle idealistisch geplanten Kommunalküchen gescheitert. Im Rückblick ist es leicht gesagt, doch wahrscheinlich konnten sich diese Modelle nicht durchsetzen, weil sie im Zeitalter des Individualismus auf einem starr geregelten Kollektiv aufbauen.

Heute bildet sich die Großfamilie neu. Reale Freundeskreise übernehmen manche Bedeutung der Familie, und virtuell geschieht Ähnliches im Internet. Und dort liegt vielleicht auch die zwanglose, locker vernetzte, sich kontinuierlich selbst optimierende Zukunft gemeinsamen Kochens. Hoodfood statt Streetfood!

Backblech-Rösti mit Ratatouille

Zeit: 55 Minuten

Bevor englische Touristen Nizza entdeckten, war die Region arm, die Böden karg, seine »Cuisine nicoise« einfach. Im Überfluss gab es dort nur anspruchslose »Kräuter der Provençe«, die simple Gemüsegerichte wie die Ratatouille würzten. Scheinbar ärmliche Kreationen, die doch so fein komponiert sind, dass die Gegend später mindestens zwei herausragende Küchenchefs hervorbrachte: Auguste Escoffier, der die industrielle Revolution in die feine Küche transportierte, und Henri Charpentier, der die USA zu Beginn des 20. Jahrhunderts mit der französischen Küche bekannt machte.

Für 6–8 Personen: **2 kg Kartoffeln, Salz, 3–4 Zwiebeln, 8 EL Öl, 2–3 EL geriebener Käse, 3 Paprikaschoten, 500 g Zucchini, 500 g Auberginen, 2 Knoblauchzehen, Pfeffer, 500 g Tomatenpüree (aus dem Supermarkt oder siehe S. 148), nach Balkon und Belieben: mediterrane Kräuter wie Rosmarin, Salbei, Thymian, Oregano oder Lavendel**

Kartoffeln schälen, grob reiben und salzen. Backofen mit einem tiefen Blech auf 200 Grad vorheizen (Umluft 180 Grad). Die Zwiebeln schälen, halbieren und in dünne Scheiben schneiden. 4 EL Öl auf das heiße Blech gießen, die Zwiebeln zugeben und 5 Minuten im Ofen braten. Kartoffeln in einem Küchentuch ausdrücken, um schon einmal einen Teil der überschüssigen Feuchtigkeit zu entfernen. Kartoffelstreifen auf dem Blech verteilen, leicht flach drücken, mit einem zweiten Blech abdecken und etwa 50 Minuten garen. Nach der Hälfte der Garzeit das Blech entfernen, geriebenen Käse auf den Kartoffeln verteilen und mit 2 EL Öl beträufeln.

In der Zwischenzeit das Gemüse waschen und würfeln. Knoblauchzehen schälen und hacken. Kräuter zupfen, ebenfalls hacken. Das Gemüse in einer oder zwei großen beschichteten Pfannen ohne Fett 10 Minuten braten, dabei immer wieder schwenken oder umrühren. In einem großen Topf, das restliche Öl mit Knoblauch und Kräutern erhitzen, bis es brutzelt. Gemüse und Tomaten zugeben, mit Salz und Pfeffer würzen und zugedeckt bei schwacher Hitze 10 Minuten fertig schmoren.

Das Rösti aus dem Ofen nehmen, auf dem Blech in Stücke schneiden, zum Beispiel mit einem Pizzaschneider. Rösti mit Ratatouille servieren.

Sonntagsvariante

Knusprige **Kapern:** Dafür, bevor das Rösti in den Ofen kommt, 1 oder 2 Löffel Kapern gut abtropfen lassen, am besten mit Küchenpapier trocken tupfen und dann in heißem Öl 10–20 Sekunden lang knusprig frittieren. Abgießen oder mit einem Sieblöffel aus dem Öl heben – dieses können Sie dann, wie beschrieben, für Rösti und Ratatouille weiterverwenden. Das fertige Gericht mit knusprigen Kapern bestreuen.

Auberginen-Arancini

Zeit: 45 Minuten und 12 Stunden Ruhezeit

Die golden gebackenen Reisbällchen erinnern entfernt an Orangen – an sehr kleine Orangen, vermutlich aus alten sizilianischen Obstgärten noch ohne künstliche Bewässerung. Orangen heißen auf italienisch Arancie, und so kam es zu Arancini. Oder Arancine, beides ist richtig. Sie schmecken warm oder kalt, als Zwischenmahlzeit in der Schule, im Büro oder auf der Baustelle – am allerliebsten mag ich sie aber auf einer Picknickdecke am Strand.

Für 6–8 Personen: **1 l Brühe, 300 g Risottoreis, 1 EL Butter, Salz, 50 g Parmesan, 1 Ei, 1 Hähnchenkeule, 1 l Öl zum Ausbacken der Arancini, 1 Aubergine, 1 Bund Petersilie, Pfeffer, 100 g Tomatenpüree (aus dem Supermarkt oder siehe S. 148)**

Die Brühe aufkochen. Reis mit Butter 2 Minuten anschwitzen, mit einem Drittel der Brühe aufgießen, leicht salzen und 18–20 Minuten bei geringer Hitze kochen lassen. Dabei immer wieder etwas Brühe dazugießen. Parmesan fein reiben und in den fertig gegarten, heißen Reis rühren. Reis vollständig abkühlen lassen und dann mit dem Ei mischen.

Für die Füllung das Hähnchenfleisch vom Knochen lösen und mit der Haut klein würfeln oder hacken. (Den Knochen einfrieren und bei Gelegenheit für eine Brühe verwenden). Aubergine waschen und knapp 1 cm groß würfeln. Petersilie zupfen und hacken. Das Fleisch mit 1 EL Öl knusprig braun braten, dabei tritt das Fett aus der Hähnchenhaut aus. Mit Salz und Pfeffer würzen. Auberginenwürfel zugeben, 3–4 Minuten mit dem Hähnchenfleisch braten. Tomatenpüree zugeben und bei schwacher Hitze zugedeckt 10 Minuten schmoren, bis die Flüssigkeit fast vollständig verdunstet ist.

Das Öl in einem Topf erhitzen – die Temperatur stimmt, sobald von einem Holzlöffel, den Sie ins Öl halten, sofort Bläschen aufsteigen. Jeweils einen größeren Esslöffel voll Reis auf die feuchte Hand geben, mit einer ebenfalls feuchten Hand auf dem Handteller flach drücken. Einen Teelöffel voll Auberginen-Ragout in die Mitte setzen, den Reis zu einem Bällchen formen, sorgfältig glatt streichen und verschließen. Reisbällchen in 2–3 Portionen im heißen Öl goldbraun backen, auf Küchenpapier abtropfen und heiß servieren. Dazu passt Salat, zum Beispiel ein Tomatensalat.

Variante

Die klassische **Brotbrösel-Panade:** Dafür die Bällchen zuerst im Mehl rollen, dann erst im Ei wenden und wie gewohnt zuletzt in, möglichst selbst geriebenen, Brotbröseln wälzen.

Reisnudeln aglio olio

Zeit: 10 Minuten und 10 Minuten Ruhezeit

Die Zutaten sind für 4 Personen gedacht. Sie können die Mengen aber beliebig vervielfachen. Damit sich alle Zutaten und Aromen schnell und gut miteinander verbinden, sollten Sie zum Schluss aber trotzdem jeweils nur 4 Portionen in einer Pfanne fertig stellen (wie übrigens bei fast allen Nudelgerichten). Also entweder mehrere Pfannen benutzen oder in einer Pfanne nacheinander die Teilmengen mischen und abschmecken – es geht immer noch schnell wie der Blitz.

Für 4 Personen: **400 g Reisbandnudeln, Salz, 200 g Tofu, 4 Knoblauchzehen, 2–4 Chilischoten, 4 EL Öl, 3–4 EL Sojasauce, Sprossen nach Belieben (siehe S. 34)**

Nudeln 10 Minuten in kaltem Wasser einweichen. Einen großen Topf mit Wasser aufkochen und kräftig salzen. Nudeln nach Packungsanweisung bissfest kochen, in ein Sieb gießen und mit kaltem Wasser abschrecken.

Tofu grob hacken. Knoblauch schälen und hacken. Chilis in möglichst dünne Ringe schneiden oder fein hacken. Das Öl in einer beschichteten Pfanne stark erhitzen, Tofu 3 Minuten braten, Knoblauch und Chili zugeben, umrühren. Die tropfnassen Nudeln und die Sojasauce unterrühren. Nudeln auf Teller verteilen. Eventuell mit Sprossen garnieren.

Sonntagsvariante

Mit gerösteten, gehackten **Erdnüssen** bestreuen.

Variante: Reisnudeln mit Zitronenhuhn

400 g Reisnudeln, Salz, 2 Bio-Zitronen, 2 EL Zucker, 1 Hähnchenbrustfilet, 200 g Spinat (frisch oder TK), 4 EL Öl, 100 ml Sojasauce, Chilipulver (oder Pfeffer)

Reisnudeln wie oben beschrieben kochen. Zitronen heiß waschen, abtrocknen, die Schale fein abreiben und den Saft auspressen. Zucker mit 2 EL Wasser schmelzen und hellbraun karamellisieren. Den Karamell mit Zitronensaft ablöschen, auch die Zitronenschale zugeben. Den Topf vom Herd ziehen und kurz stehen lassen, damit sich der Karamell auflösen kann.

Hähnchenbrustfilet so halbieren, dass zwei dünne Schnitzel entstehen. Diese in dünne Streifen schneiden, falls vorhanden, die Haut vom Hähnchen ebenfalls in Streifen schneiden. Spinat waschen (oder auftauen), trocken schleudern und grob hacken. Öl in einer beschichteten Pfanne stark erhitzen, die Hähnchenstreifen darin bei großer Hitze etwa 5 Minuten lang knusprig braun braten. Spinat zugeben, durchschwenken, Zitronenkaramell und Sojasauce zugeben, mit den Nudeln mischen und alles noch einmal aufkochen. Mit Salz und Chili abschmecken.

Linsen-Gemüse-Lasagne

Zeit: 45 Minuten und 30 Minuten Garzeit

Die Reste-Lasagne ist ein Klassiker der Personalverpflegung in der Gastronomie, ob gehoben oder nicht. An ihrem Geschmack kann man ganz leicht den überzeugten Koch vom Schaumschläger unterscheiden.

Für 6–8 Personen: **250 g rote Linsen, 800 g Gemüse oder Gemüsereste (feste Sorten, z.B.: Möhre, Lauch, Zwiebel, Sellerie, Petersilienwurzel, Weißkraut, Kartoffeln, Paprika, Zucchini), Salz, 500 ml Milch, 3 EL Butter, 50 g Mehl, Pfeffer, Muskat, 100 g Käse, 250 g Lasagneblätter (16 Stück)**

Außerdem: **ofenfeste Form, ca. 20 x 30 cm groß**

Linsen mit 1 Liter Wasser aufkochen und 15 Minuten garen. Währenddessen das Gemüse putzen, falls nötig schälen, etwa 1 cm groß würfeln. Die Linsen abgießen, mit einer Gabel grob pürieren, salzen. Den Topf mit frischem Wasser auf den Herd stellen, aufkochen und salzen. Gemüsewürfel darin 5 Minuten kochen. Gemüse auf ein Sieb abgießen, dabei die – so entstandene – Gemüsebrühe auffangen. Einen halben Liter Brühe abmessen.

Butter in einem Topf erhitzen, mit Mehl bestäuben, umrühren. 5 Minuten bei schwächster Hitze schwitzen lassen. Dann mit der kalten Milch aufgießen, dabei kräftig mit einem Schneebesen umrühren, so dass sich keine Klumpen bilden können. Die Gemüsebrühe zugeben. Béchamel-Sauce 10 Minuten bei geringer Hitze kochen lassen und mit Salz, Pfeffer und Muskat abschmecken. Käse fein reiben oder zerbröseln.

Den Ofen auf 200 Grad vorheizen (Umluft 180 Grad). Etwas Béchamel-Sauce in der Form verteilen und mit Nudelplatten auslegen. Abwechselnd Gemüse und Linsen auf den Nudelplatten verteilen, jeweils etwas Béchamel-Sauce darüber verteilen und mit Käse bestreuen. Den Vorgang so lange wiederholen, bis alle Zutaten verbraucht sind. Dabei mit einer dünnen Schicht Sauce und etwas Käse abschließen. Die Lasagne 30 Minuten im Ofen auf der mittleren Schiene backen.

Sonntagsvariante

Italienische Kräutermischung selbst gemacht: Wenn Sie vor dem Winter größere Mengen mediterraner Kräuter ernten (oder aus dem Urlaub mit nach Hause bringen) können Sie Rosmarin, Salbei, Oregano oder Thymian bündeln und 1–2 Wochen an einem Platz ohne direktes Sonnenlicht aufhängen und trocknen lassen. Die trockenen Kräuter von den Stängeln streifen und mit einer kräftigen Prise Salz in einem Blitzhacker fein mahlen. Wenig Salz unterstützt ganz einfach die Haltbarkeit, viel Salz macht aus der Kräutermischung ein Gewürzsalz. In Schraubdeckelgläsern aufbewahren. Am besten halten sich solche Kräutermischungen lichtgeschützt in dunklen Gläsern, noch besser im Kühlschrank.

Wald- und Wurzel-Soljanka

Zeit: 25 Minuten und 20 Minuten Garzeit

In einem Restaurant des St. Petersburger Zarenpalastes wurde mir einmal eine Tütensuppe serviert. Darauf reagiere ich normalerweise mit Unmut, doch hier war ich erstens zu Besuch in einem fremden Land und zweitens waren ein paar Stücke Salzgurke und einige Korianderkörner in der Suppe, die das Fertigprodukt genießbar machten. Und das ist auch das Prinzip einer echten Soljanka: Salzgurken und etwas Flüssigkeit aus dem Gurkenfass adeln einen Eintopf, dessen Rezept sich nach dem Inhalt der Speisekammer richtet. Gerne mit viel Fleisch, das muss aber gar nicht sein.

Für 6–8 Personen: 1 kg Wurzelgemüse (z.B.: Möhren, Petersilienwurzeln, Rote Bete), 1 kg Kartoffeln, 1/4 Wirsing oder Weißkohl, 5 Zwiebeln, 4 EL Schmalz oder Öl, 1 Glas Salzgurken oder Essiggurken (ca. 360 g Abtropfgewicht, siehe auch S. 150), Salz, Pfeffer, 1–2 EL getrocknete Pilze, 1 Bund Dill, 150 g Sauerrahm

Wurzelgemüse und Kartoffeln schälen und in Würfel oder Scheiben schneiden. Dabei die Rote Bete etwas kleiner als das restliche Gemüse schneiden, damit die Garzeiten ungefähr gleich bleiben. Wirsing waschen, dicke Blattrippen entfernen, die Blätter in Streifen schneiden. Zwiebeln schälen, halbieren und grob würfeln. Alles zusammen in einem großen Topf mit dem Schmalz 5 Minuten lang anbraten. Mit Gurkenwasser ablöschen, mit Wasser nicht ganz bedecken und mit Salz, Pfeffer und den getrockneten Pilzen würzen. Zugedeckt etwa 20 Minuten kochen lassen, dabei ab und zu umrühren.

In der Zwischenzeit die Salzgurken der Länge nach vierteln, die Streifen in 1 cm lange Stücke schneiden. Dill zupfen und grob hacken. Gurken und Dill unter den Eintopf mischen, abschmecken und mit Sauerrahm servieren.

Sonntagsvariante

Meerrettich gibt dem Eintopf zusätzliche Kraft. Entweder die geschälte Wurzel über die angerichteten Teller reiben, oder geriebenen Meerrettich mit dem Sauerrahm verrühren.

Separat gebratene knusprige **Hähnchenstücke oder Würstchen** machen daraus eine Sonntagsversion.

Crespelle mit Apfel-Kraut

Zeit: 30 Minuten und 15 Minuten Ruhezeit,
35 Minuten Garzeit

Als junger Gourmetkoch in Mailand war ich wie alle meine Kollegen in ständigen Geldnöten. Um diese zu lindern, halfen wir sonntags manchmal in einem typisch italienischen Hochzeits-Restaurant aus, einem Palazzo in den Bergen über Bergamo mit grandioser Aussicht und Platz für einige Hundert Gäste. Fester Bestandteil des Menüs waren überbackene Crespelle, also Crêpes, so dass ich manchen Sonntag damit verbrachte, unzählige Crespelle zu backen. Wenn wir ihm nicht helfen konnten, füllte der Küchenchef seinen Pfannkuchenteig, um Zeit zu sparen, in große Konservendosen. Die Dosen stellte er in ein kochendes Wasserbad, bis der Teig fest war und schnitt den Teigklotz dann auf der Aufschnittmaschine in dünne Scheiben – »Crespelle di emergenza«.

Für 6–8 Personen: **75 g Butter, 150 g Mehl, 4 Eier, 350 ml Milch, Salz, Pfeffer, Muskat, 1,2 kg Weißkraut oder Wirsing, 2 Zwiebeln, 2 Äpfel, 2 EL Schmalz oder Öl, 1 EL Zucker, 3 EL (Apfel-)Essig, 1 TL Wacholderbeeren, 3 EL geriebene Mandeln, 3 EL geriebener Käse**

50 g Butter in einer kleinen Pfanne hellbraun werden lassen. Mehl, Eier und Milch mit einem Pürierstab oder im Mixer zu einem Teig verarbeiten, die Butter zugeben, mit Salz, Pfeffer und Muskat würzen. Den Teig 15 Minuten quellen lassen. In einer beschichteten Pfanne dünne Crespelle backen. Dabei ist keine Zugabe von Fett notwendig – außer eventuell beim ersten. Crespelle auf einer Platte abkühlen lassen.

Das Kraut in hauchdünne Streifen schneiden oder mit einem Kraut- oder Gemüsehobel hobeln. Zwiebeln schälen, halbieren und ebenfalls in Streifen schneiden. Äpfel vierteln, das Kernhaus entfernen, die Apfelstücke in Scheiben schneiden. Zwiebeln im Schmalz 3–4 Minuten glasig dünsten. Die Äpfel zugeben, leicht anbraten, mit Zucker bestreuen und hellbraun karamellisieren lassen. Mit Apfelessig ablöschen, vollständig einkochen, Kraut zugeben und dann mit ca. 100 ml Wasser auffüllen. Mit Salz, Pfeffer und den Wacholderbeeren würzen. Bei schwacher Hitze mit Deckel 20 Minuten kochen lassen. Vom Herd nehmen, abschmecken und kurz abkühlen lassen.

Backofen auf 200 Grad vorheizen (Umluft 180 Grad). Jeweils 3 EL Kraut, möglichst ohne Garflüssigkeit, aus dem Topf nehmen und auf einem der Crespelle verteilen. Eng einrollen, in etwa 4 cm lange Zylinder schneiden und eng nebeneinander senkrecht in eine große Auflaufform stellen. Restliche Garflüssigkeit angießen, mit Mandeln und geriebenem Käse bestreuen, Butter in kleinen Flöckchen auf dem Auflauf verteilen und auf der mittleren Schiene im Ofen 12–15 Minuten überbacken.

Sonntagsvariante

Gegarte und geschälte **Esskastanien** grob hacken und statt der Mandeln über den Auflauf streuen.

Ich hätte außerdem gerne einen kleinen **Salat** dazu.

Miesmuschel-Curry

Zeit: 30 Minuten

Miesmuscheln gehören nicht nur zu den preiswerten der wohlschmeckenden Meeresbewohner: Die Kombination von Muschel- und Algenzucht mit anderen Aquakulturen könnte auch helfen, die Überdüngung der Meere durch konventionelle Fischzucht zu vermindern. Denn Muscheln filtern einfach alle Nährstoffe, die an ihnen vorbeischwimmen, wieder aus dem Wasser heraus.

Für 6–8 Personen: **6 Zwiebeln, 6 Knoblauchzehen, 6 cm Ingwerwurzel, 600 g Tomaten (frisch oder aus der Dose), 1 kg Brokkoli, 2 kg Miesmuscheln, 6 EL Öl, 2–3 EL Currypulver (siehe unten), Salz, 100 g geröstete, gesalzene Knabber-Erdnüsse**

Zwiebel, Knoblauch und Ingwer schälen und würfeln oder hacken. Tomaten waschen und grob würfeln. Brokkoli in kleine Röschen teilen, die Stiele in dünne Scheiben schneiden. Erdnüsse im Blitzhacker fein zerkleinern. Miesmuscheln waschen und putzen: »Muschel-Bärte« abziehen und geöffnete Muscheln mit dem Finger anschnipsen. Muscheln, die sich daraufhin nicht schließen, wegwerfen.

Das Öl in einem großen flachen Topf oder in einem Wok erhitzen. Zwiebeln darin 10 Minuten hellbraun braten. Knoblauch, Ingwer, Brokkolistiele und Currypulver zugeben, kurz mit den Zwiebeln braten. Muscheln und Tomaten zugeben, einen Deckel auflegen und 5 Minuten garen, Brokkoliröschen unterrühren und noch 3 Minuten zusammen mit den Muscheln sehr bissfest kochen.

Erdnüsse im Blitzhacker fein mahlen. Curry abschmecken, nicht geöffnete Muscheln entfernen, mit Erdnüssen bestreuen und servieren. Dazu passen Salzkartoffeln, Reis oder Fladenbrot.

Besonders interessante Spezial-Curry-Mischungen** finden Sie bei spezialisierten Händlern zu sehr speziellen Preisen. Mischen Sie deshalb lieber Ihr eigenes **Gewürz für Fisch und Meeresfrüchte:

3 EL Fenchelsamen, 1 EL Koriandersamen, 2–4 getrocknete Chilischoten und 1 TL Pimentkörner in einer Pfanne ohne Fett 3–4 Minuten rösten, bis sie duften. Aus der Pfanne nehmen und in einer Nuss-, Getreide- oder Kaffeemühle fein mahlen. In einem Mörser geht es auch, doch die Fenchelkörner leisten lange Widerstand. Kalt und dunkel lagern (siehe auch S. 64, Italienische Kräutermischung)

Geschmorte Reisbällchen

Zeit: 40 Minuten

Mindestens in Asien bringen Karpfen Glück. Preiswert sind sie, und außerdem gehören Karpfen zu den wenigen Fischen, deren Verzehr ökologisch völlig unbedenklich ist. Auch weil Karpfenfutter kein Fischmehl enthalten muss, während bei der Zucht von Raubfischen wie Lachs, Wolfsbarsch oder Dorade normalerweise mehrere Kilogramm Wildfische verfüttert werden um ein Kilogramm Zuchtfisch zu gewinnen. Ein befreundeter Koch ließ einen Karpfen röntgen um eine Technik zu finden, mit der er die leider lästigen Gabel-Gräten elegant herausschneiden konnte. Wir ignorieren solche Feinheiten und zerkleinern die Gräten ganz einfach mit Gewalt.

Für 6–8 Personen: **1 Karpfen (ca. 2 kg, vom Fischhändler filetieren lassen, ergibt ca. 500 g Filet, Alternative: 500 g Hackfleisch), 1 Bund Suppengrün, 300 g Duftreis, 1 Ei, Salz, je 1/2 TL Kardamom, Kreuzkümmel und Chiliflocken (oder Curry, siehe auch S. 70), nach Belieben Koriander, 2–3 Zwiebeln, 200 g Champignons, 2 Zucchini, 2–3 Tomaten, 4 EL Öl, 2 TL Mehl**

Reis mit 300 ml Wasser in einem kleinen schweren Topf mit Deckel zum Kochen bringen. Bei mittlerer Hitze zugedeckt 10 Minuten garen (es sollte keine Flüssigkeit mehr im Reis sein, ansonsten 2–4 Minuten bei geringster Hitze weitergaren), vom Herd nehmen und zugedeckt 10 Minuten ziehen lassen. Den Deckel abnehmen und den Reis abkühlen lassen.

Karpfenfilets im Blitzhacker grob pürieren oder durch einen Fleischwolf lassen (nach dem Fisch 3–4 EL Reis durch den Wolf lassen, damit kein Fischfilet verloren geht). Reis und Fischfilet mit dem Ei verkneten, mit Salz und den Gewürzen abschmecken. Wer Koriander anbaut, kann damit die Masse verfeinern. Das Gemüse putzen und in dünne Scheiben schneiden, die Tomaten würfeln. Karpfenfond durch ein feines Sieb oder ein Passiertuch abgießen.

Mit feuchten Händen kleine Bällchen (ca. 4 cm Ø) aus der Reismasse formen und in einer großen beschichteten Pfanne mit dem Öl ungefähr 5–6 Minuten lang goldbraun braten. Die Bällchen aus der Pfanne nehmen, restliches Öl zugeben, Zwiebeln, Champignons und Zucchini darin bei großer Hitze 3 Minuten braten. Mit Mehl bestäuben, noch eine Minute braten und dann mit 500 ml Karpfenfond aufgießen. Karpfen-Bällchen und Tomatenwürfel in die Sauce geben und alles zusammen noch 5 Minuten garen. Abschmecken und servieren.

***Den Karpfen zu filetieren** ist eine Aufgabe für den Fischhändler. Lassen Sie sich Kopf und Gräten einpacken, wenn möglich sollten die Kiemen schon entfernt sein. Notfalls können Sie diese aber auch mit einer Geflügelschere selber heraustrennen. Lassen Sie die Filets häuten, die Brustgräten entfernen.*

Sommersellerie mit glasierten Rippchen

Zeit: 20 Minuten und 25 Minuten Garzeit

Dieser kleine Gemüseeintopf ist äußerst flexibel. Bleich- oder Stangensellerie ist ein feines Sommergemüse, dass wir viel zu selten verwenden, darum habe ich es für mein Beispiel ausgewählt.

Für 6–8 Personen: **1 Bleichsellerie, 1 Bio-Zitrone, 3 Zwiebeln, 1 kg Kartoffeln, 2 Birnen oder Äpfel, 4 EL Öl oder Schmalz, Salz, Pfeffer, 800 g geräucherte Schweinerippchen (evtl. beim Metzger bestellen), je 2 EL Sojasauce, Tomatenpüree und Honig**

Den Sellerie putzen und waschen, dabei welke Blätter entfernen und einige zarte Blätter für die Garnitur beiseitelegen. Sellerie in Scheiben schneiden. Die Schale der Zitrone abreiben, den Saft auspressen. Zwiebeln und Kartoffeln schälen, etwa 1 cm groß würfeln und in einem großen – und vor allem breiten – Topf mit 2–3 EL Schmalz andünsten. Mit Salz, Pfeffer und Zitronenschale würzen. Birnen waschen und vierteln, das Kernhaus entfernen. Die Fruchtstücke in Spalten schneiden. Rippchen in Stücke schneiden, so dass jeweils 2 Rippchen zusammenhängen. Birnen und Rippchen auf die Kartoffeln legen. Mit 500 ml heißem Wasser aufgießen, zudecken und bei schwacher Hitze 20 Minuten schmoren. Zitronensaft, Sojasauce, Tomatenpüree und Honig verrühren. Die Rippchen aus dem Topf nehmen und in einer beschichteten Pfanne mit dem restlichen Schmalz bei mittlerer bis starker Hitze 2–3 Minuten braten. Mit der Zitronen-Soja-Glasur ablöschen und schwenken oder wenden, bis alle Rippchen gleichmäßig glasiert sind. Selleriegemüse mit den Rippchen servieren.

Sonntagsvariante

Ganz klar, für die klassische Weihnachtsversion sollte es **Kassler** sein – obwohl die günstige Rippchenversion mindestens genauso gut schmeckt. Wenn es noch günstiger sein soll, gibt auch ein Stück **Speckschwarte** genügend leckeren Umami-Räuchergeschmack an das Gemüse ab.

Serviettenknödel »Extra Deluxe« mit Zwiebelsauce

Zeit: 20 Minuten und 50 Minuten Gar- und Ruhezeiten

So locker luftig und leicht kann – trotz naher Verwandtschaft – ein Semmelknödel nie sein!

Für 6–8 Personen: **350 g Weißbrot vom Vortag (oder Hefezopf oder Brioche), 150 g Butter, 500 ml Milch, 1 kg Zwiebeln, 1 Bd. Petersilie, 6 Eier, Salz, Pfeffer, Muskat, 2 Äpfel, 0,5 l Bier (oder Wasser)**

Weißbrot 1 cm groß würfeln und 1 Tag trocknen lassen. Ein Drittel der Brotwürfel mit 2 EL Butter in einer beschichteten Pfanne goldbraun braten. Milch lauwarm erhitzen, über die restlichen Brotwürfel gießen, 10 Minuten ziehen lassen. 2 Zwiebeln schälen und fein würfeln. Petersilie zupfen und hacken. Zwiebeln mit 2 EL Butter 3 Minuten dünsten. Kräuter, Zwiebelwürfel und Eier mit den eingeweichten Brotwürfeln mischen.

Einen großen Topf mit Wasser zum Kochen bringen, salzen. Die gerösteten Brotwürfel locker mit der Knödelmasse mischen und kräftig mit Salz, Pfeffer und Muskat würzen.

Vier Stücke Frischhaltefolie von jeweils 80 cm Länge zuschneiden. Jeweils ein Viertel der Knödelmasse auf jede Folie geben und zu einem Serviettenknödel von 30 cm Länge formen, locker einrollen. Die Enden verknoten, so dass eine Art längliches Bonbon entsteht. Alle vier Knödel in entsprechend große Stücke Alufolie wickeln, die Enden locker eindrehen (die Knödelmasse dehnt sich beim Garen noch aus). Serviettenknödel in das schwach siedende Wasser legen, 20 Minuten ziehen lassen.

In der Zwischenzeit die Äpfel vierteln, das Kernhaus entfernen. Apfelstücke in schmale Spalten schneiden. Die restlichen Zwiebeln schälen, würfeln und mit 2 EL Butter 5–10 Minuten goldbraun braten. Kurz vor Schluss die Apfelspalten zugeben. Mehrfach mit einem großen Schluck Bier ablöschen und bei großer Hitze einkochen, bis die Flasche leer und die Knödel fertig sind. Zwiebelsauce mit Salz und Pfeffer abschmecken. Knödel aus dem Wasser nehmen und mindestens 20 Minuten ruhen lassen. Zum Servieren die Knödel aus den Folien wickeln, in fingerdicke Scheiben schneiden und mit der restlichen Butter 2 Minuten anbraten. Zwiebelsauce erwärmen und mit den Knödeln servieren.

Sonntagsvariante

Dazu passt selbstverständlich ein kleiner, knuspriger ***Schweinebraten*** *an Stelle der Zwiebelsauce:*

Den Ofen auf 220 Grad vorheizen (Umluft 190 Grad). Ein tiefes Ofenblech auf die zweitunterste Schiene im Ofen stellen, 250 ml kochendes Wasser in das Blech gießen. Einen Schweinebraten aus der Schulter mit der Schwarte nach unten ins kochende Wasser legen und etwa 20 Minuten »dämpfen«, bis das Wasser verdunstet ist. In der Zwischenzeit 1 Bund Suppengrün und einige Zwiebeln putzen, schälen und in grobe Stücke schneiden. Den Braten aus dem Ofen nehmen, die Ofentemperatur auf 190 Grad reduzieren (Umluft: 170 Grad). Mit einem scharfen Messer ein enges Rautenmuster in die Schwarte schneiden. Gemüse im Bräter verteilen, den Braten auf das Gemüse legen und mit einer Mischung aus 2 EL Schmalz und 2 EL gehacktem Kümmel einreiben, kräftig salzen. Im Ofen 2 Stunden braten. Den Braten immer wieder mit Bier be-

streichen und mit dem ausgetretenen Bratenfett begießen – der Bratensatz darf nicht verbrennen, es soll sich aber noch keine Sauce bilden.

Die Ofentemperatur auf 240 Grad erhöhen (Umluft: 220 Grad), den Braten auf ein Backblech legen, mit kaltem Salzwasser bestreichen, den Bräter aus dem Ofen nehmen. 10–15 Minuten fertig garen, bis die Kruste knusprig braune Blasen wirft, dabei noch zwei- oder dreimal mit kaltem Salzwasser bestreichen. Gleichzeitig den Bratensatz im Bräter mit dem restlichen Bier ablöschen, in einen Topf umfüllen, auf dem Herd kochen lassen, nach 15 Minuten die Sauce durch ein Sieb gießen, das Fett abschöpfen, abschmecken. Den fertigen Schweinebraten kurz ruhen lassen, mit der Sauce servieren. Schweinebraten mit Schmorgemüse und Serviettenknödeln servieren.

Das ist doch kein Müll!

DAS IST DOCH KEIN MÜLL!

Von Radieschenblättern, Tomatenwasser und allerlei Strünken

Etwa ein Zehntel unseres Hausmülls besteht aus unverarbeiteten Lebensmitteln. Wer seine Einkäufe auch verbraucht, kann also sehr leicht Geld in der Küche sparen – und zwar ohne jeglichen Verzicht. Bei uns muss zum Beispiel regelmäßig allerlei Gemüse vor dem Verfall gerettet werden. Gekocht und warm mariniert, mit Kräutern vom Fensterbrett schmeckt es wunderbar. Manchmal brate ich dazu ein Stückchen Fleisch, frisch – oder aus dem Tiefkühlfach. Es reicht schon, einfach mit dem zu kochen, was sich im Kühlschrank findet. Klingt banal – ist aber alles andere als selbstverständlich.

Doch in diesem Kapitel geht es nicht um diese Grundlage, sondern um wahre Meisterschaft in Müllvermeidung. Denn was ist die französische Küche? Müllvermeidung auf höchstem Niveau! Keisuke Matsushima, japanischer Sternekoch in Nizza, hat mir das Phänomen einmal sehr schön erklärt: Die französische Küche ist aus dem Absolutismus entstanden. Paris war damals der Mittelpunkt des französischen Universums. Kultur und also auch gehobene Küche fand dort statt. Gemüse, Fleisch und Obst wurden aus dem ganzen Land nach Paris gebracht – ohne Kühlmöglichkeiten. Manche Produkte müffelten schon, wenn sie nach der langen Reise durch Frankreich endlich am Königshof ankamen. Die Köche mussten sich deshalb einiges einfallen lassen. Zum Beispiel ist die französische Küche zu Recht berühmt für ihre Saucen. Wie die Kalbsglace, die beim Erkalten die Konsistenz von Gummibärchen annimmt. Doch solche Saucen verschleiern auch die Qualität des Fleisches, das sie bedecken. Die Hofköche mussten noch eine zweite, ebenso große kreative Herausforderung meistern: Das königliche Rinderfilet wiegt nur etwa 2% eines Rindes. Wie dem Hofstaat Magen, Hirn und Backen schmackhaft machen? So entstanden Gerichte wie frittierte Kutteln mit Schneckenbutter oder Kalbshirn in Blätterteigpastete. Halten wir also fest: Aus Abfall kann Hochkultur werden.

Neue Rezepte für ungewöhnliche Zutaten finden wir, indem wir Vorurteile überwinden. Die Delikatessen australischer Ureinwohner sind uns in der Regel fremd, tausendjährige Eier verdächtig und gebackene Skorpione ein Graus. Dabei handelt es sich aber um rein kulturelle Prägungen, wie sich schon an ganz harmlosen Erfahrungen zeigt. Mitteleuropäische Köche verwenden das helle Stück der Lauchstange, afghanische Köche die dunkelgrünen Blätter. Es lohnt sich, gewohnte Muster zu hinterfragen. Seit Jahren weiß ich zum Beispiel, dass junge Vogelmiere ein wohlschmeckender Salat sein kann (der Geschmack ähnelt dem von jungem Mais), trotzdem muss ich mich immer wieder zwingen sie wirklich zu pflücken, denn als Kind habe ich Vogelmiere als Unkraut kennen gelernt. Aber so ist das nun mal: Persönliche Entwicklung kostet zunächst immer etwas Aktivierungsenergie.

Wenn wir auf Trüffel, Speck und Rotwein verzichten, aber mit dem Blick des Hofkochs Radieschenblätter auf neue Art zubereiten – dann schaffen wir damit eine neue leichte, kosmopolitische Küche. Ohne Geld, aber mit Fantasie und Genuss!

Maultaschen mit Radieschenblätterfüllung

Zeit: 40 Minuten und 30 Minuten Ruhezeit

Manchmal koche ich für die Bayerischen Staatsforsten. Das ist eine Firma im Besitz der öffentlichen Hand, das heißt sie gehört uns allen. Ihre freundlichen Mitarbeiter kümmern sich liebevoll um Wild und Wald und verdienen dabei auch noch Geld für den Freistaat. Im Frühjahr 2009 ging es um Suppen für – oder gegen – die »Krise«. Ich hatte ein Rezept für fast kostenlose Brennnesselmaultaschen ausprobiert, aber zum Fototermin gab es keine Brennnesseln. Radieschen lagen noch im Kühlschrank und püriert erkennt ja niemand den Unterschied. Hauptsache grün, dachte ich mir – so entstand aus einem Zufall eine gute Idee.

Für den Teig: **250 g Mehl (am besten: Spätzlemehl oder Dunst), 1 TL Salz**

Für die Füllung: **Die Blätter von 3 Bund Radieschen, 2 EL Haselnüsse, 1–2 EL Butter, 150 g Quark, Salz, Pfeffer, Muskat, 2 Zwiebeln, 2 EL Öl**

Mehl und 1 TL Salz mit 140 ml heißem Wasser verkrümeln, zu einem geschmeidigen Nudelteig verkneten, eine halbe Stunde ruhen lassen.

In der Zwischenzeit die Radieschenblätter gründlich waschen. Haselnüsse grob hacken und mit Radieschenblättern und etwas Butter 3–4 Minuten dünsten, bis die gesamte Flüssigkeit verdampft ist. Kurz abkühlen lassen, hacken und mit 100 g Quark mischen. Mit Salz, Pfeffer und Muskat abschmecken.

Den Nudelteig, mit Mehl bestäubt, so dünn wie möglich zu langen Rechtecken von 12–14 cm Breite ausrollen. Das klappt gut mit dem Nudelholz, noch einfacher ist es mit einer Nudelmaschine. Die Füllung dünn auf dem Teig verstreichen, dabei an einer Längsseite einen 2–3 cm breiten Rand frei lassen und mit Wasser bepinseln. Von der gegenüberliegenden Längsseite her einrollen, mit dem Finger im Abstand von 5 cm vorsichtig, aber bestimmt flach drücken, damit die einzelnen Maultaschen gut verschlossen werden. Durchschneiden. Maultaschen in schwach siedendem Salzwasser 6–8 Minuten kochen.

Währenddessen die Zwiebeln in Streifen schneiden, im Öl goldbraun rösten und mit wenig Wasser aufgießen, mit Salz und Pfeffer würzen. Maultaschen mit Zwiebelbrühe servieren.

Variante

Statt Radieschenblättern 4 Hände voll, junger zarter **Brennnessel- oder Taubnesselblättchen** sammeln, am besten mit Handschuhen.

Linguine mit Radieschenblätterpesto

Zeit: 20 Minuten

Das Geld, das ich mir durch die Verwendung von Radieschenblättern im Laufe meines Lebens genussvoll hätte sparen können, würde mir heute vermutlich ein Sabbatical finanzieren. Mindestens aber ein neues Frühbeet. Für noch mehr Radieschen. Roh sind die Blättchen zwar etwas stachelig, sie schmecken aber ganz erstaunlich gut als Pesto.

1 Bund Radieschen, 400–500 g Linguine oder Spaghetti, Salz

Für das Pesto: **3 EL Nüsse (z.B.: geröstete und gesalzene Knabber-Erdnüsse oder Cashewkerne, geschälte Mandeln, Haselnüsse, Pinienkerne), Blätter von 1 Bund Radieschen, 1 kleine Knoblauchzehe, 2 EL Zitronensaft, 2 EL Rapsöl, 1–2 Chilischoten**

Zuerst das Pesto vorbereiten. Dafür die Nüsse in einer Pfanne ohne Fett rösten, bis sie duften. Radieschenblätter waschen und mit der Chilischote grob zerschneiden. Alle Zutaten für das Pesto mit einer kräftigen Prise Salz im Mörser oder in einem Blitzhacker cremig pürieren. Dabei eventuell 1–2 EL Wasser zugeben, damit der Blitzhacker die Masse besser transportiert. Abschmecken.

Radieschen waschen und achteln. Linguine nach Packungsanweisung bissfest kochen, abgießen (nicht abschrecken!) und tropfnass mit Pesto und Radieschen mischen. Auf dem Herd noch einmal kurz erhitzen – sofort servieren.

Sonntagsvariante

Radieschen, mit ein paar Frühlingszwiebelringen kurz dünsten und dann unter die Nudeln mischen. Dazu passen natürlich in jedem Fall **geriebener Käse, zerkrümelter Fetakäse oder ein Stück gebratene Hähnchenbrust.**

»Pommes Charpentier« mit Avocado-Dip und Joghurt

Zeit: 40 Minuten

Diese äußerst delikate französische Kartoffelzubereitung begegnete mir zum ersten Mal in einem Restaurant mit Seeterrasse nahe einer der Millionärssiedlungen im Münchner Umland. Die Kartoffeln waren aromatisch, knusprig und gesalzen, wie die Preise – bei näherer Betrachtung handelte es sich um dicke, frittierte Kartoffelschalen. »Charpentier« ist der Zimmermann, seine Hobelspäne sind vermutlich auch ziemlich dick. Sie können Salzkartoffeln und »Pommes Charpentier« anders als in meinem Rezept natürlich auch getrennt zubereiten, so wie es der französische Koch tat. In kaltem Wasser halten sich entweder Kartoffelschalen oder geschälte Kartoffeln 2 Tage.

1 kg Kartoffeln, 1 Hand voll Salbeiblätter, 2 Essiggurken (siehe S.150), 1 reife Avocado, Salz, Pfeffer, 200 g Joghurt, 200 ml Öl

Kartoffeln mit der Schale gründlich waschen. Mit einem kleinen Messer ca. 5 mm dick schälen, also ziemlich dick. Die »Kartoffelschalen« in einer Schüssel mit kaltem Wasser bedecken. Die geschälten Kartoffeln in Salzwasser kochen.

Salbeiblättchen zupfen und beiseitestellen. Essiggurken grob hacken oder klein würfeln. Avocado schälen, den Kern entfernen, mit 6 EL Essiggurkenwasser pürieren. Essiggurken unterrühren, mit Salz und Pfeffer abschmecken. Das Joghurt salzen.

Kartoffelschalen abgießen und mit einem Küchentuch abtrocknen. Das Öl in einer großen beschichteten Pfanne erhitzen, die Kartoffelschalen darin bei großer Hitze 10 Minuten knusprig braun backen. Mit einem Sieblöffel aus der Pfanne heben, abtropfen lassen und mit Salz und Pfeffer würzen. Danach den Salbei in derselben Pfanne 1 Minute knusprig frittieren und auf Küchenpapier abtropfen lassen. Salzkartoffeln abgießen, mit den »Pommes Charpentier«, Avocado-Dip und dem Joghurt servieren, mit Salbei garnieren.

Sonntagsvariante

Im Sommer passt ein **Tomatensalat,** im Winter gedünstete **Lauchscheiben** mit einem Flöckchen **Edelpilzkäse oder Butter.**

Hefe-Grissini mit Zitronensalz

Zeit: 20 Minuten und 3–4 Stunden Ruhezeiten

Wenn Sie Bio-Zitrusfrüchte verwenden, können Sie immer auch die Schale nutzen. Sehr oft verfeinert ein wenig geriebene Orangen- oder Zitronenschale das Rezept, das Sie gerade kochen. Überschüssige Schalen schmecken getrocknet in Gewürzmischungen oder Zitronen-Orangen-Mandarinen-Salz beziehungsweise -Zucker. Dafür auch Biofrüchte zuerst heiß waschen, oder sogar kurz in kochendes Wasser legen. Anschließend gründlich abtrocknen. Die Schalen hauchdünn abschälen oder fein abreiben. Zitrusschalen auf Backpapier verteilen, an einem warmen Ort ohne Sonne einige Tage trocknen lassen und dann wie unten beschrieben verarbeiten.

Für ca. 40 Stück: **250 g Mehl, 1 TL Zucker, 1 TL Salz, 1/4 Hefewürfel, 1 Ei, 60 g (weiche) Butter, 2 EL Zitronensalz (o.ä., siehe unten)**

Mehl, Zucker und Salz in einer Schüssel mischen. Hefe in einer Mulde mit 4 EL (= 80 ml) lauwarmem Wasser und dem Eigelb verrühren, mit Mehl bestäuben und zugedeckt 10 Minuten gehen lassen. Mehlmischung mit der Butter verkneten, bis der Teig nicht mehr klebt. Die Schüssel zudecken, 2–3 Stunden gehen lassen, und zwar an einem nicht allzu warmen Plätzchen: Geschmack und auch die Haltbarkeit von Hefegebäck sind fast immer besonders gut, wenn der Teig mit wenig Hefe bei gemäßigten Temperaturen lange geht.

Backofen auf 200 Grad (180 Grad Umluft) vorheizen. Aus dem Teig 5 mm dicke Rollen formen. Teigstangen zugedeckt 15 Minuten gehen lassen. Grissini auf ein mit Backpapier ausgelegtes Blech legen und 10 Minuten backen. Grissini aus dem Ofen nehmen. Jeweils 2 oder 3 Grissini zügig mit dem Eiweiß bepinseln und sofort mit Zitronensalz bestreuen.

Für Zitrussalz oder Zitruszucker jeweils 50 g Salz oder Zucker mit 50 g Zitrusschalen mischen, wenn die Schalen gerieben sind. Oder im Blitzhacker mahlen, wenn die Zitrusschalen in größeren Stücken getrocknet wurden. Kühl und dunkel aufbewahren. Zitrussalz eignet sich sehr gut um Saucen abzuschmecken oder um Fisch und Fleisch zu würzen. Zitruszucker gibt Desserts, manchmal auch Salatsaucen, den letzten Schliff.

Gurkenlassi und Tomaten-Basilikum-Sauce

Zeit: 5 Minuten

Tomaten zu schälen ist eigentlich unsinnig langwierig. Manchmal gefallen mir geschälte Tomatenstücke aber doch besser, zum Beispiel wenn sie in einer Sauce gekocht werden. Dort löst sich die Haut nämlich von selber und schwimmt dann als zähes Hautstückchen in der Sauce herum. Das ist natürlich alles andere als schlimm, aber manchmal gewinnt die Prinzessin-auf-der-Erbse in mir die Oberhand, und dann werden Tomaten gegen jede Vernunft rigoros geschält. Wenn Sie die Schalen trocknen und später im Blitzhacker mit etwas Salz pulverisieren (siehe S.88, Zitrussalz), wird daraus ein aromatisches und dekoratives Tomatensalz. Auch die Kerne und das weiche, wässrige Gewebe im Inneren von Tomaten und übrigens auch von Gurken lehnt meine innere Prinzessin ab. Ich entkerne also beide Früchte, indem ich sie viertele und die Kerne herausschneide oder mit einem Löffel herauskratze. Gurken viertele ich der Länge nach, Tomaten irgendwie. Heben Sie die vermeintlichen Reste auf: Tomateninnereien verbessern jede Brühe oder Sauce, wenn die danach noch durch ein Sieb gegossen wird. Die Kerngehäuse von Gurken kann man gut in eine Gazpacho oder einen Lassi mixen. Wenn gerade kein Bedarf ist: Ab ins Tiefkühlfach!

Für 1 großes Glas Gurkenlassi: **Kerngehäuse von einer Gurke (frisch oder TK, s.o.), 100 g Joghurt, 2 Blätter Minze, Salz, Kreuzkümmel (oder Kümmel)**

Gurkenkerngehäuse, Joghurt und Minze mit 100 ml kaltem Wasser oder gestoßenem Eis schaumig mixen und mit Salz und Kreuzkümmel abschmecken. (Mango und Gurke passen übrigens sehr gut zusammen – aber ein Mango-Gurken-Lassi oder ein Mango-Gurken-Salat mit Joghurtschaum gehen dann doch weit hinaus über eine einfache Resteverwertung ...)

Zeit: 10 Minuten

Für 4 Portionen Tomaten-Basilikum-Sauce: **4 Schnitzel oder 4 Fischfilets oder 8–12 Auberginenscheiben, Salz, Pfeffer, 2–3 EL Öl, 150 g Tomateninnereien (frisch oder TK, s.o.), 4 Stängel Basilikum, 1 TL kalte Butter**

Schnitzel, Fisch oder Auberginen würzen und mit dem Öl je nach Dicke 4–8 Minuten braten. Aus der Pfanne nehmen. Tomateninnereien in die Pfanne geben und aufkochen, den Bratensatz damit lösen, 3–4 EL Wasser dazugeben und 2 Minuten kochen lassen. Tomatenfond durch ein Sieb in einen kleinen Topf gießen. Basilikum zupfen und in kleine Stücke reißen, zusammen mit der Butter unter die Sauce schwenken. Abschmecken und als feine kurze Sauce zu Schnitzel, Fisch oder Auberginen servieren.

Romanarisotto

Zeit: 10 Minuten und 20 Minuten Garzeit

Auch bei sorgfältiger Einkaufs- und Essensplanung findet sich immer wieder einmal ein angewelkter Salat im Kühlschrank oder eine ausgetriebene Zwiebel in der Zwiebel- und Kartoffelkiste. Bei mir passiert das sogar relativ häufig, weil meine Kühlschränke für Rezepttests und Fototermine oft sehr unregelmäßig gefüllt werden. Die Rettung in solchen Fällen ist der Gedanke an unsere Großeltern, die es ganz normal fanden, Endiviensalat auch zu dünsten. Einige Rezepte mit gedünstetem Salat wie die französischen Erbsen mit Kopfsalat und Speck oder geschmorter Radicchio mit Rotweinsauce gehören sogar heute noch zu den klassischen Zubereitungen. Und was die Zwiebel betrifft: Nur die alte Zwiebel ist schlapp und weich geworden. Der Trieb ist sogar besonders frisch, knackig und lecker und auch noch natürlich gebleicht – eine Delikatesse!

1 l Brühe (siehe S. 50), 2 EL Butter, 300 g Risottoreis, 2 Knoblauchzehen, 1–2 Romanasalate oder Endiviensalate oder andere Salatreste, Triebe von 3–4 Zwiebeln (oder 1 Frühlingszwiebel), Salz, Pfeffer, 3 EL geriebener Käse

Brühe aufkochen. Den Reis mit 1 EL Butter in einem Topf 1 Minute rösten. Mit etwa einem Drittel der Brühe ablöschen und bei geringer Hitze ca. 20 Minuten garen. Währenddessen immer wieder etwas Brühe nachgießen, so dass der Reis immer mit Flüssigkeit bedeckt ist.

In der Zwischenzeit den Knoblauch schälen und fein würfeln. Salat waschen und trocken schleudern. Die Blätter in 2 cm breite Streifen schneiden. Zwiebelgrün oder Frühlingszwiebel in Röllchen schneiden. Restliche Butter in einer Pfanne erhitzen, Knoblauch und Salat darin 3 Minuten braten, mit Salz und Pfeffer würzen.

Risotto vom Herd nehmen, Salat und Käse unterrühren, abschmecken. Das Risotto anrichten, mit Zwiebelgrün bestreuen und servieren.

Sonntagsvariante

Zwei grobe **Bratwürste** anritzen, das Brät aus der Pelle drücken. Bevor die Zwiebeln und der Reis in den Topf kommen, das Brät 3 Minuten anbraten. Dann wie oben beschrieben fortfahren.

Sehr heiß gebratene **Tintenfischringe** auf dem Risotto verteilen.

Gemüseblätter-Tempura

Zeit: 10 Minuten und 20 Minuten Ruhezeit

Die Blätter vieler Gemüsesorten schmecken genauso gut wie das Gemüse selber. Vor allem zarte kleine Blättchen können Sie meist sogar roh in Kräuterquark oder Salat genießen. Etwas größere Blätter, grob gehackt oder in Streifen geschnitten, geben dem eigentlichen Gemüse zusätzliche Farben und Geschmack – das haben Sie vielleicht schon selber ausprobiert. Gebacken werden die vermeintlichen Reste zu einem ganz eigenständigen neuen Gericht.

150 g Mehl, 1/2 TL Zucker, Salz, 1/2 Hefewürfel, 20–30 Blätter von Kohlrabi, Rote Bete, Stangensellerie, Radieschen, Rübchen oder Rettich, Wurzeln von frischen und jungen Frühlingszwiebeln, 2 Eier, 3 EL Sojasauce, 1 Zwiebel, 2 EL Öl und 500 ml Öl zum Ausbacken der Blätter, 200 g Sauerrahm, Chili

Mehl mit Zucker, einer Prise Salz, Hefe und 275 ml Wasser zu einem glatten Teig verrühren und 20 Minuten zugedeckt gehen lassen. Währenddessen die Gemüseblätter waschen und trocken schleudern. Große Blätter in fingerbreite Streifen schneiden. Frühlingszwiebelwurzeln so abschneiden, dass sie nicht auseinanderfallen, ebenfalls waschen und schleudern.

Eier mit Sojasauce verquirlen. Zwiebel schälen und würfeln. 2 EL Öl in einer beschichteten Pfanne erhitzen, Zwiebelwürfel darin 2 Minuten dünsten. Das Ei zugeben, ein Rührei zubereiten. Sauerrahm mit 1–2 EL Wasser cremig rühren, das Rührei in der Pfanne zerkleinern, locker unter den Sauerrahm ziehen, mit Salz und Chilipulver (siehe S. 70), -flocken oder eingelegten Ringen abschmecken.

Restliches Öl in einem Wok oder einem kleinen Topf erhitzen, die Blätter durch den Teig ziehen, kurz abtropfen lassen und in mehreren Portionen nacheinander jeweils 2–3 Minuten im heißen Öl knusprig backen. Mit einem Sieblöffel aus dem Öl heben und auf Küchenpapier abtropfen lassen. Gemüseblätter-Tempura salzen (z.B. mit Zitrussalz, siehe S. 88) und mit dem Dip sofort servieren.

Sonntagsvariante

Dieser besonders knusprige Backteig eignet sich natürlich auch, um andere Lebensmittel darin auszubacken: **Salbeiblätter,** dünn geschnittene **Gemüsescheiben oder Hähnchenbrust** werden ebenfalls in der kurzen Zeit gar, die der Teig benötigt um knusprig zu werden.

Glasierte Brokkolistiele und allerlei Strünke

Zeit: 30 Minuten und 20–40 Minuten Garzeit für den Reis

Strünke und Stiele wandern in unserer Welt bestenfalls auf den Kompost, dabei stammen die Regeln, die ihre Entfernung vorschreiben, aus einer anderen Zeit: Kann schon sein, dass der Strunk einer sonnenverbrannten Fenchelknolle zäh und bitter wurde nach einem langen Jahr auf einem Acker des 19. Jahrhunderts. Doch wir leben im 21. Jahrhundert, unser Gemüse wird regelmäßig gewässert, gedüngt und jung und zart geerntet. Der Fenchelstrunk ist womöglich noch zarter als die Fenchelblätter. Wenn Sie die Knolle in schöne, schmale Spalten schneiden, hält der Strunk die Fenchelfedern zusammen. Chicoree- oder Salatstrünke haben meist nur noch einen kleinen Hauch von Bitterkeit, der einer Salatsauce zusätzliche Eleganz verleiht. Würfeln oder hacken Sie den Strunk sehr klein und geben Sie ihn mit in die Sauce. Die Stiele von Brokkoli und jungen Artischocken müssen Sie schälen, sonst sind sie zäh (Vorsicht: unter den Artischocken gibt es auch noch große, wirklich rettungslos zähe Sorten). Geschält werden sie dann zu einem Lieblingsgemüse, bestens geeignet für Zubereitungen in Pfanne oder Wok.

400 g Reis, 500 g Brokkolistiele (von etwa 1 kg Brokkoli, siehe unten), 1 kleiner Rettich (ca. 500 g), 2 Knoblauchzehen, 1–2 Peperonischoten, 1 Orange, 1 EL geröstete, gesalzene Knabber-Erdnüsse, 2 EL Öl, 3 EL Sojasauce, 1 TL Honig, Salz

Den Reis nach Packungsanweisung kochen, das dauert bei geschälten Reissorten knapp 20 Minuten, bei Naturreissorten bis zu 40 Minuten. Brokkolistiele und Rettich schälen. Den Brokkoli schräg in Scheiben schneiden, Rettich zuerst in 5 mm dicke Scheiben, dann in Stifte schneiden. Knoblauch schälen, mit der Peperoni hacken. Die Orange mit einem scharfen Messer so schälen, dass dabei auch die weiße, innere Haut entfernt wird. Die Frucht halbieren und in Scheiben schneiden. Erdnüsse hacken.

Brokkoli und Rettich in einer großen Pfanne oder einem Wok mit 2 EL Öl 2 Minuten anbraten. Peperoni und Knoblauch zugeben, einmal durchschwenken. Mit Sojasauce und Honig ablöschen, einkochen, bis die Brokkolistiele glasiert sind. 2 EL Wasser zugeben, noch einmal einkochen, bis die Stiele wieder glasiert sind. Die Orangenscheiben unterschwenken. Falls nötig leicht salzen, mit Erdnüssen bestreuen und mit Reis servieren.

Brokkoliröschen entweder mit Knoblauch und Peperoni in die Pfanne geben oder **für eine separate Suppe** mit einer geriebenen Kartoffel und einer Prise Salz in 1 Liter Wasser weich kochen. Den Brokkoli im Kochwasser pürieren, mit Salz, Pfeffer und Muskat abschmecken. Mit etwas Sahne oder Crème fraîche verfeinern und mit Schnittlauch oder Frühlingszwiebelringen bestreuen.

Wertschöpfung

Mit ungewöhnlichen Mitteln Gäste verwöhnen

Sie und ich kochen gerne, wir wollen unsere Freuden mit unseren Freunden teilen. Also laden wir sie zum Essen ein. So einfach ist das. Gegeneinladungen nehmen wir zwar mit Vergnügen an, sie sind aber kein wichtiger Teil einer inneren Kosten-Nutzen-Rechnung. Die entscheidende Frage ist: Wie kann ich meiner Leidenschaft für gutes Essen mit Freunden möglichst oft frönen, ohne dabei allzu viel Geld auszugeben?

Die Antwort ist: Tiefe. Wenn ich mir ein Rezept so weit aneigne, dass es zu mir passt – zu meiner Arbeitsweise, zu meinem Herd, zu meinen Kochtöpfen – dann wird mein Essen persönlich. Die Anleitung aus einem Kochbuch oder die Überlieferung von der Großmutter bleibt die Grundlage dafür, das Ergebnis meiner persönlichen Bemühungen überschreitet aber die Grenzen des Rezepttextes. So wird Kochen zu Kochkunst und die Materialkosten verlieren einen Großteil ihrer Bedeutung. So wie auch der Wert eines bildenden Kunstwerkes nicht von seinen Materialkosten abhängt. Wie im Maleratelier gibt es auch in der Küche Künstler und Künstlerinnen, die sehr viel Wert auf handwerkliche Verfeinerung legen und andere, denen die professionelle Technik völlig schnurz ist. Das ist eine Typfrage, kein Zeichen für Qualität. Viel wichtiger als ausgereifte Technik ist wache Aufmerksamkeit – wer mit Augen, Ohren, Nase und dem Tastsinn beobachtet, was in den Töpfen passiert, und versucht, diese Vorgänge günstig zu beeinflussen, der ist ein Kochkünstler. Ob Zwiebelkuchen oder Pommes frites – wenn Sie aufmerksam kochen, werden Ihre Gäste begeistert sein.

WERTSCHÖPFUNG

Man Tu sind ein besonders schönes Beispiel für ein ganz einfaches Gericht, das Kochkunst sein kann. Die afghanischen Teigtaschen (siehe S.105) ähneln Maultaschen und Tortellini, übertreffen aber beide. Die Zutaten sind günstig, der Aufwand beträchtlich – am meisten Spaß macht es, Man Tu zu zweit oder in der Gruppe zu formen, so wird schon die Vorbereitung zum künstlerischen Ritual als Teil eines gemeinsamen Essens. Und die Arbeit teilt sich schön auf. Man Tu werden gedämpft, nicht gekocht – so können sie viel zarter sein als Tortellini oder Maultaschen. Den Teig kann man ganz einfach mit einer Nudelmaschine ausrollen, oder aber auf eine besondere Weise mit einer Art dickem Besenstiel – Kenner nennen ihn auch französisches Nudelholz. Damit können Sie das Man-Tu-Ritual über viele Jahre immer noch ein Stückchen weiter verfeinern. Ihre Gäste werden schon lange vorher satt und glücklich sein.

Der beste aller Zwiebelkuchen

Zeit: 40 Minuten und 40 Minuten Backzeit

Ein Doppelfehler führte zu einem besonders guten Zwiebelkuchen: Für ein Geburtstagsfest hatte ich die Mengen für meinen damaligen Standard-Zwiebelkuchen-Teig vervierfacht, die Wassermenge versehentlich aber nur verdoppelt. Dann sagten kurzfristig so viele Gäste zu, dass ich sechs Bleche statt vier Bleche belegen wollte. Es war zwar sportlich anstrengend, den scheinbar zu festen Teig ultradünn auszurollen, aber das Ergebnis war besser als jemals zuvor. Voilà!

Für 1 Blech (4–6 Personen):

Für den Teig:
225 g Mehl, Salz, 75 g Schweineschmalz (oder Butterschmalz)

Für den Belag: 1,5 kg Zwiebeln, 100 g Räucherspeck, 2 TL Fenchelsamen, 200 ml Sahne oder Crème fraîche, 2 Eier, Salz, Pfeffer, Muskat

Außerdem: Backpapier

Mehl und 1 TL Salz in eine Schüssel geben. Schmalz und 75 ml Wasser aufkochen, über das Mehl gießen und zu einem glatten Teig verkneten. Teig in Frischhaltefolie wickeln und im Kühlschrank abkühlen lassen.

Zwiebeln schälen, halbieren und in Scheiben schneiden. Den Speck in Streifen schneiden oder würfeln und in einer großen Pfanne bei milder Hitze auslassen. Die Zwiebeln zugeben und goldbraun dünsten. Dabei häufig rühren, vor allem sobald die Zwiebeln beginnen zu bräunen. Währenddessen die Fenchelsamen hacken und, kurz bevor die Zwiebeln fertig sind, dazugeben. Sahne, Crème fraîche und Eier verquirlen. Mit Salz, Pfeffer und Muskat kräftig abschmecken.

Teig auf einer mit Mehl bestäubten Arbeitsfläche sehr dünn ausrollen, ein Backblech mit Backpapier auslegen, den Teig aufs Backpapier legen. Mit einer Gabel Löcher in den Teigboden stechen, damit sich beim Backen keine Blasen bilden.

Zwiebelmasse auf dem Teig verteilen, mit der Eiersahne begießen und bei 180 Grad Umluft auf der unteren Schiene des Ofens 25–30 Minuten goldbraun backen.

Dazu passt am besten junger Wein oder Federweißer. Ein grüner Salat schadet auch nicht, aber mehr muss dann wirklich nicht sein.

Sonntagsvariante

Lauch, Spinat oder Mangold statt Zwiebeln. Dafür das Gemüse in Streifen schneiden und dünsten.

Ein paar **Rosinen** oder geröstete **Nüsse** zugeben.

Man Tu – Afghanische Teigtaschen

Zeit: 2 Stunden

Marcia, die afghanische Freundin meiner Schwester, brachte mir die Man-Tu-Zubereitung bei – das Ergebnis war äußerst lecker! Afghanische Köchinnen rollen den Teig auf eine ganz besondere Weise aus. Nach unserem Man-Tu-Workshop habe ich in meiner Erinnerung und bei Youtube gekramt und gefunden: Manch italienische Mama rollt ihren Pastateig auf die gleiche Weise aus, wie es geht, steht deshalb beim Rezept mit den breiten Bandnudeln auf Seite 106. In beiden Fällen hilft auch eine Nudelmaschine, dafür müssen aber 2–3 EL Mehl mehr in den Teig.

Für die Teigtaschen: **400 g Mehl und Mehl zum Ausrollen, Salz, 1 Knoblauchzehe, 400 g Hackfleisch (nicht zu mager, Schwein, Kalb oder Lamm), 2 EL ÖL und etwas Öl für den Dämpfer, 800 g Zwiebeln**

Für die Saucen: **3–4 Peperoni, 2 Knoblauchzehen, 1 Bund Koriander oder Petersilie, 750 g Tomaten, 3 EL Essig, Salz, 3 EL Öl, 250 g griechischer Joghurt (6–10%)**

Außerdem: **Ein großer Dämpfkorb mit passendem Topf (mehrstöckige Dämpfer gibt es günstig in Asia-Supermärkten)**

Mehl mit 220 ml kaltem Wasser und 1 TL Salz zu einem glatten Teig verkneten. Den Teig zu einer Kugel formen, mit Mehl bestäuben und mit Frischhaltefolie zudecken.

Knoblauchzehen schälen und hacken, mit dem Fleisch und etwas Öl 5 Minuten heiß dünsten, d.h. die austretende Flüssigkeit soll sofort verdampfen, das Fleisch darf aber keine Farbe annehmen. Zwiebeln schälen, halbieren und klein würfeln, mit dem Fleisch mischen, abschmecken und evtl. etwas gehackten Koriander zugeben.

Für die Saucen den Knoblauch schälen. Peperoni, Koriander und Tomaten waschen und grob zerkleinern. Die Hälfte der Tomaten mit 1 Knoblauchzehe, Öl und etwas Salz 20 Minuten kochen, falls die Sauce sehr dick wird, ein paar Löffel Wasser dazugeben. Die zweite Knoblauchzehe mit den restlichen Tomaten, Peperoni und Koriander möglichst fein pürieren, mit Salz und Essig abschmecken. (Dieses »Tschatni« steht bei jedem afghanischen Essen mit auf dem Tisch, hält 10 Tage im Kühlschrank.) Joghurt glatt rühren, salzen, 2–3 EL Tschatni drunter rühren.

Dämpfeinsätze ölen. Den Teig wie auf S.106 beschrieben oder mit einer Nudelmaschine dünn ausrollen und in 8–10 cm große Quadrate schneiden. Auf jedes Quadrat 1 TL Füllung setzen. Alle 4 Ecken zur Mitte hin falten, die Nähte zusammendrücken. Die Man Tu sind jetzt verschlossen, mit einer Spitze in der Mitte und 4 Zipfeln an den Ecken, traditionell werden jetzt noch jeweils 2 benachbarte Zipfel zusammengelegt und fest gedrückt. Die gefüllten Teigtaschen 20 Minuten dämpfen, bei mehrstöckigen Dämpfern die verschiedenen Einsätze einmal durchwechseln. Man Tu anrichten und mit Tomatensauce, Joghurt und Tschatni servieren.

***Die Mengen für 4 Personen** lassen sich gut vervielfachen. Die gefüllten, aber nicht gekochten Teigtaschen können Sie einfrieren.*

Schnelle selbst gemachte Nudeln

Zeit: 30 Minuten

Nudeln mit Zucchini-Käse-Sauce schmecken zwar sehr gut, beeindrucken aber unsere Gäste eher nicht. Die italienische Küche ist uns einfach schon zu vertraut. Und proteinhaltige, teure Zutaten, die unser karnivores Unterbewusstsein schätzt, kommen im Rezept schließlich nicht vor. Sobald Sie aber die Nudeln für das einfache Rezept selber machen, sieht es gleich ganz anders aus – wer macht das schon, wer kann so was, wer nimmt sich heutzutage noch die Zeit dafür? Dabei sind gerade Bandnudeln fast so schnell ausgerollt, wie die Tüte aufgerissen wäre. Naja. Fast.

400 g Mehl oder Spätzlemehl (heißt auch Weizendunst) und Mehl zum Ausrollen, 1 Ei, 2 Zwiebeln, 2 Knoblauchzehen, 400 g Zucchini (oder Fenchel oder Wirsing oder ...), 1 Tomate, 2 EL Olivenöl, 100 g Kästereste

Mehl mit Ei und 160 ml kaltem Wasser und 1 TL Salz verkneten, bis der Teig nicht mehr klebt (falls Sie eine Nudelmaschine zum Ausrollen verwenden, müssen 2–3 EL mehr Mehl in den Teig). Den Teig zu einer glatten Kugel formen, mit Mehl bestäuben und mit Frischhaltefolie zudecken.

Zwiebeln und Knoblauch schälen und klein würfeln. Zucchini längs halbieren und schräg in dünne Scheiben schneiden. Die Tomate waschen und würfeln. Zwiebeln im Olivenöl 5 Minuten goldbraun braten. Tomate, Knoblauch und Zucchini zugeben, mit Salz und Pfeffer würzen, 1 Minute mitbraten. Mit 200 ml Wasser ablöschen, aufkochen, den Käse in kleinen Stücken in die Sauce geben, vom Herd ziehen.

Den Nudelteig entweder ganz einfach mit Mehl und Nudelholz auf einer Arbeitsfläche ausrollen, bis es nicht mehr dünner geht. Oder mit einer Nudelmaschine bis auf die zweitdünnste Stufe oder wie unten beschrieben ganz traditionell per Hand ausrollen. Den ausgerollten Teig mit Mehl bestäuben, locker zusammenfalten und in fingerbreite Streifen schneiden. In einem großen Topf mit kochendem Salzwasser je nach Dicke 2–4 Minuten bissfest kochen.

Die Käsesauce einmal aufkochen, umrühren und abschmecken. Nudeln abgießen, mit der Sauce mischen und servieren.

Nudeln ausrollen nach Art italienischer – oder afghanischer – Mütter und Großmütter: *Am besten geht es mit einem Nudelholz ohne Griffe (französischer Typ) – oder einem abgesägten Besenstiel, etwa 60 cm lang. Jeweils eine Teigportion von etwa 150 g zur Kugel formen und dann zuerst auf Pizzagröße ausrollen, dabei bei jedem Richtungswechsel den Teig um eine Vierteldrehung gegen den Uhrzeigersinn drehen – so geht die Teigform in Richtung Rechteck. Sobald der Teig relativ dünn wird, den Teig bei jedem Durchgang mit kurzen Vor- und Zurückbewegungen nach und nach eng auf das Nudelholz wickeln. Dabei die flachen Hände zuerst in der Mitte des Nudelholzes auflegen und beim Hin-und-her-Rollen nach außen bewegen. So wird der Teig gleichzeitig vom Holz nach unten gedrückt und von den Händen sanft nach außen gezogen. Damit er nicht zusammenklebt, immer wieder mit wenig Mehl bestäuben und die jeweils letzten 2 cm nicht mit aufrollen. Sobald der Teig (bis auf 2 cm) eingerollt ist, das Nudelholz senkrecht vom Körper weglegen, den Teig nach rechts abrollen. Das Nudelholz wieder parallel zur Kante der Arbeitsfläche nehmen, den Teig wieder einrollen. Wiederholen, bis der Teig dünn ausgerollt ist.*

Glücksrollen mit Karamellschwein

Zeit: 1 Stunde und 30 Minuten Ruhezeit

Das Paradegericht der vietnamesischen Küche folgt einem Prinzip, weniger einem feststehenden Rezept: »Roll alles, was dir schmeckt, in ein Stück Reispapier und beiße dann von deiner Glücksrolle ab.« Manchmal, vor allem in den vielen Notzeiten, die das Land durchgemacht hat, hieß es auch »Roll alles, was du findest ...« Hier ist trotzdem ein Rezept als Anhaltspunkt, Sie können – nein, Sie sollen – das Rezept aber variieren, nach Lust und Laune und nach Vorratslage.

Vorspeise für 4–6 Personen

4 EL Zucker, 2 Scheiben Schweinehalsgrat (je ca. 160 g), 6 EL Sojasauce, 600 g Wurzelgemüse (z.B.: Petersilienwurzeln, Möhren, Sellerie), 1–2 Peperoni, 2 Knoblauchzehen, 3 cm Ingwerwurzel, 2 EL Essig (Weißweinessig oder Reisessig), 1/2 Kopfsalat, 4 EL geröstete, gesalzene Knabber-Erdnüsse, 12 Reisblätter (am besten viereckige mit 15 cm Kantenlänge), etwas Öl zum Einstreichen

3 EL Zucker mit 2 EL Wasser in einem kleinen Topf kochen, bis sich der Zucker goldbraun färbt. 100 ml Wasser zugeben und bei mittlerer Hitze so lange kochen, bis sich der Karamell vollständig gelöst hat, und der Sirup beginnt dickflüssig zu werden. Wenn der Sirup abkühlt, wird er noch etwas fester, ideal wäre eine honigartige Konsistenz. So genau kommt es aber nicht darauf an.

Halsgrat in schmale Streifen schneiden und in einem kleinen Topf mit dem Karamell und 2 EL Sojasauce mischen, 30 Minuten marinieren. In der Zwischenzeit das Wurzelgemüse schälen und grob reiben. Peperoni längs halbieren, Stiel und Kerne entfernen. Knoblauch und Ingwer schälen und mit den Peperoni grob hacken. Die drei Zutaten mit der restlichen Sojasauce, Essig und 1–2 TL Zucker pürieren. Wurzelgemüse mit der Sauce mischen. Ganze Salatblätter vom Salatkopf lösen, waschen und trocken schleudern. Erdnüsse hacken.

Mariniertes Schweinefleisch aufkochen und bei mittlerer Hitze 6–8 Minuten kochen. Vom Herd nehmen und etwas abkühlen lassen. Reisblätter in kaltes Wasser legen, und zwar kommen alle zusammen in eine große Schüssel, werden aber einzeln hineingelegt, damit die Blätter nicht zusammenkleben. Nach 3 Minuten die Reisblätter aus dem Wasser nehmen, abtropfen lassen und auf ein Küchentuch legen. Mit einem zweiten Tuch trocken tupfen. Jeweils ein Salatblatt auf jedes Reisblatt legen. 1–2 EL Gemüse darauf verteilen, in die Mitte jeweils einen oder zwei Fleischstreifen legen und mit Erdnüssen bestreuen. Die Ränder zur Mitte hin einschlagen und die Reisblätter straff einrollen.

Glücksrollen bis zum Verzehr auf einen geölten Teller oder ein geöltes Blech setzen und mit Frischhaltefolie zudecken. Dazu passen asiatische Dipsaucen, im einfachsten Fall etwas Soja- oder Fischsauce mit ein paar Chiliringen – weil die Füllung aber sehr saftig ist, muss gar kein zusätzlicher Dip sein. Gegessen werden Glücksrollen im Allgemeinen mit den Fingern.

Variante

Für Glücksrollen mit Karamell-Karpfen etwa 300 g Karpfenfilet in 5 mm dicke Streifen schneiden. Die Fischstreifen in 4 EL Öl bei größter Hitze 2–3 Minuten von allen Seiten braten und dann erst mit der Karamell-Sojasauce marinieren. So werden die – sonst eher lästigen – Karpfengräten mürbe und damit unproblematisch.

Sizilianische Auberginentörtchen mit Tomatensauce

Zeit: 30 Minuten und knapp 2 Stunden Garzeiten

Tomaten und Auberginen bestimmen die sizilianische Küche. Kräuter spielen seltsamerweise keine große Rolle, obwohl Fenchel, Rosmarin, Oregano und Salbei an jeder Ecke sogar wild wachsen. Basilikum kommt jedoch in vielen traditionellen sizilianischen Auberginen-Rezepten vor – es muss nicht sein, passt aber auch sehr gut in die Auberginentörtchen.

Vorspeise für 8 oder Hauptgericht für 4 Personen:
750 g Auberginen, 2 Zwiebeln, 800 g Tomaten, 8 EL Öl, Salz, 1/2 Bund Basilikum, 100 g Quark, 3 Eier, 80 g Semmelbrösel und Brösel für die Formen, Pfeffer, 2 EL Butter, 1 TL getrockneter Oregano, Zucker

Außerdem: **8 Timbal- oder Souffléeförmchen, je ca. 100 ml Inhalt**

Ofen auf 220 Grad (Umluft 200 Grad) vorheizen. Auberginen und Zwiebeln schälen und grob würfeln. 350 g Tomaten vierteln, dabei den Stielansatz entfernen. Das vorbereitete Gemüse auf ein mit Backpapier ausgelegtes Blech verteilen, mit 4 EL Öl beträufeln und salzen. Gemüse 1 Stunde auf der mittleren Schiene backen, bis es weich und stark gebräunt ist. Dabei ab und zu umrühren und etwas zusammenschieben, damit die trockenen Zwiebeln im Dunst der feuchten Tomaten garen können. Gemüse aus dem Ofen nehmen und abkühlen lassen. Ofenhitze auf 180 Grad (Umluft 160 Grad) reduzieren. Basilikumblättchen abzupfen, ein paar Blättchen für die Garnitur beiseitelegen. Ofengemüse mit Quark, Eiern und Basilikum fein pürieren. Die Masse mit Semmelbröseln mischen und mit Salz und Pfeffer abschmecken. Die Förmchen buttern und mit Semmelbröseln ausstreuen. 1–2 Liter Wasser aufkochen. Auberginen-Ricotta-Masse in die Förmchen füllen, in eine ofenfeste Form stellen und das heiße Wasser in die Form gießen, so dass die Förmchen zur Hälfte im Wasser stehen. Auf der mittleren Schiene 35 Minuten backen.

In der Zwischenzeit die verbliebenen Tomaten von den Stielansätzen befreien und mit 4 EL Öl und Oregano pürieren. Die Sauce mit Salz und Pfeffer abschmecken und mit einer Prise Zucker abrunden. Die Sauce auf Tellern verteilen. Auberginentörtchen aus dem Ofen nehmen, vorsichtig stürzen und auf der Sauce anrichten. Mit Basilikum garnieren und servieren.

Tipp

Die Törtchen lassen sich gut vorbereiten – einfach noch einmal bei 180 Grad im Ofen 5 Minuten aufwärmen. Oder kalt servieren, so schmecken sie bei Picknicks oder Wanderungen.

Couscous mit geschmorten Quitten

Zeit: 35 Minuten und 10 Minuten Quellzeit

Die leuchtend gelben Früchte sind im September und Oktober kaum zu übersehen. Oft stehen Quittensträucher oder -bäume in älteren Gärten, selten werden die Früchte noch geerntet. Wenn Sie also den Besitzer eines Quittenbaumes fragen, ob Sie ein paar Früchte pflücken können, wird er – oder sie – fast immer erfreut sein, dass Sie die Früchte vor dem Komposthaufen bewahren. Wahrscheinlich werden Ihnen so viele Früchte angeboten, dass Sie auch noch Gelee, Marmeladen oder Chutneys kochen müssen – von denen Sie dann dem Quittenbaumbesitzer ein oder zwei Gläschen vorbeibringen können. In der Sprache der Finanzakrobaten nennt man so etwas eine Win-win-Situation, und im Falle Ihres kleinen Quittendeals stimmt es sogar. Rezepte für Marmelade und Co. finden Sie in »Kochen (fast) ohne Zeit« und in einigen meiner anderen Bücher.

300 g Couscous, 500 g Quitten, 2 EL Öl, 2 EL Zucker, 250 ml Orangensaft, Salz, Pfeffer, 6 EL Essig, 1 Aubergine, 2 Zwiebeln, 100 g Rosinen, 1/2 Bund Minze

Couscous in eine Schüssel geben und mit 300 ml kaltem Wasser, also knapp bedeckt, 10 Minuten quellen lassen. Mit einem Küchentuch den Flaum von den Quitten abreiben, die Quitten anschließend waschen. Die Früchte vierteln, das Kerngehäuse entfernen und die Viertel in 1 cm dicke Scheiben schneiden. Quittenscheiben mit Öl in einer beschichteten Pfanne 5 Minuten braten, dabei ab und zu umrühren. Mit Zucker bestreuen und karamellisieren lassen. Mit Orangensaft ablöschen und mit Salz und Pfeffer würzen. Quitten 5 Minuten garen, bis die Flüssigkeit fast vollständig eingekocht ist. (Verschiedene Quittensorten haben sehr unterschiedliche Garzeiten – falls Ihre Quitten noch nicht bissfest oder weich sind, einfach noch etwas Wasser zugeben und länger garen. Am besten geeignet sind weiche Sorten, wie die türkische »Esme«). Quitten mit der verbliebenen Flüssigkeit unter den Couscous mischen.

Essig mit 500 ml gesalzenem Wasser aufkochen. Aubergine grob würfeln. Zwiebeln schälen, halbieren und in dünne Spalten schneiden. Aubergine, Zwiebel und Rosinen 15 Minuten im Essigwasser kochen. Abgießen und mit dem Couscous mischen, mit Salz und Pfeffer abschmecken. Minze zupfen, hacken und über den Couscous streuen.

Sonntagsvariante

Kardamom, Kreuzkümmel und ein Hauch von **Zimt** geben dem Couscous einen zusätzlichen Hauch von orientalischer Gewürzkultur.

Pommes Party

Zeit: 40–60 Minuten

Der Geschmack von selbst gemachten Pommes frites ist fast verloren gegangen durch all die Angebote der Fastfood- und Tiefkühl-Industrie. Dabei sind »echte« Pommes ein echter Genuss. Gut geeignet für eine Motto-Party. Gegen das Geruchsproblem hilft leider nur eines: draußen feiern!

Für die Pommes: 1,5 kg mehlig kochende Kartoffeln, 2–4 l Frittierfett (je nach Fritteuse oder Topf), Salz

Für die Dips: 1 Zwiebel, 4 Knoblauchzehen, 2 EL Öl, 1 EL brauner Zucker, 1 EL Honig, 4 EL Essig, 1–2 EL Chilisauce (Glas oder siehe S. 118), 500 g passierte Tomaten, Salz, Pfeffer, 500 g griechischer Joghurt (10 %), 2 TL gemahlener Kreuzkümmel, 1–2 TL Chilipulver, 1 TL gemahlener Kardamom, 2 Bund gemischte Kräuter (z.B.: Petersilie, Majoran, Oregano, Dill, Basilikum), 200 g geröstete, gesalzene Knabber-Erdnüsse, 100 ml Öl

Außerdem: Fritteuse oder schwerer Topf

Kartoffeln sehr sauber waschen und mit Schale längs in 1,5 cm dicke Streifen schneiden. Kartoffelstreifen in einer Schüssel mit kaltem Wasser bedecken.

Die Dips vorbereiten: Zwiebel und Knoblauch schälen, beides fein würfeln. Öl in einem kleinen Topf erhitzen, Zwiebel und 2 Knoblauchzehen 2 Minuten braten. Braunen Zucker und Honig zugeben und leicht karamellisieren lassen. Mit 2 EL Essig und Chilisauce ablöschen. Tomaten zugeben und bei schwacher Hitze um 1/3 einkochen. Mit Salz und Pfeffer abschmecken und abkühlen lassen.

Eine Knoblauchzehe mit einer Prise Salz zerreiben. Das geht am besten in einem Mörser oder mit der flachen Seite eines breiten Messers. Joghurt mit Knoblauch-Salz, Kreuzkümmel, Chili und Kardamom mischen. Kräuterblätter abzupfen und mit restlichem Knoblauch, Erdnüssen und 100 ml Öl kurz dünsten, 2 EL Essig zugeben, einkochen. In einem Blitzhacker oder in einem Universalzerkleinerer cremig pürieren, dabei 6–8 EL Wasser zugeben.

Frittierfett auf 140 Grad erhitzen. Kartoffeln abgießen und mit einem Küchentuch gründlich abtrocknen. Die Hälfte der Kartoffeln 10 Minuten frittieren, abtropfen lassen. Währenddessen die restlichen Kartoffeln frittieren. Frittierfett auf 180 Grad erhitzen – wenn die Temperatur stimmt, steigen sofort Bläschen auf, wenn Sie einen hölzernen Kochlöffel in das Fett halten. Die Kartoffeln im heißen Fett 3–4 Minuten knusprig goldbraun frittieren, auf Küchenpapier abtropfen lassen, salzen und sofort mit den Dips servieren.

***Die Mengen reichen** hier nur für eine 4-Personen-Party. Sie lassen sich aber beliebig vervielfachen. Backen Sie die Pommes frites nach und nach aus und achten Sie nur darauf, dass nicht zu viele Kartoffeln auf einmal im Fett backen – damit sie schön knusprig werden und nicht zu viel Fett aufnehmen.*

Bruchspargel-Nuggets mit Koriander-Remoulade

Zeit: 45 Minuten

Deutscher Spargel wird von Jahr zu Jahr günstiger, obwohl die Pflege- und Erntearbeiten nicht abnehmen. Das erstaunt mich jedes Frühjahr wieder. Trotzdem gehört das Gemüse immer noch nicht zu den preiswerten Genüssen. Importspargel ist keine gute Alternative, weil Spargel schlecht reist, Frische ist für guten Spargel noch wichtiger, als für manch anderes Gemüse. Bruchspargel auf dem Bauernmarkt ist genauso frisch, also genauso gut wie die dicken Stangen im Korb daneben, aber eben viel günstiger. Aber es dauert etwas länger ihn zu schälen – tja, Zeit ist eben Geld.

1 kg weißer deutscher Spargel, Salz, Zucker, 4 EL Mehl, 2 Eier und 1 Eiweiß, 50 g geriebener Käse, 3 Scheiben Toastbrot vom Vortag (Alternative: 100 g Paniermehl), 200 g Butterschmalz oder Öl, 1 Zitrone

Für die Remoulade: 1 EL Essig, 1 Eigelb, 1 TL Senf, 150 ml Öl, 1 EL Kapern, 2–3 saure Gurken, 1 Bund Koriander, 3 EL Joghurt

Einen großen Topf mit Wasser aufsetzen, kräftig salzen, Zucker und Butter zugeben. Spargel schälen, zähe Endstücke abschneiden und – je nach Dicke – in 10–12 Minuten fast gar kochen.

In der Zwischenzeit Toastbrot im Blitzhacker fein zerkrümeln und die Remoulade vorbereiten: Essig, Eigelb und Senf verrühren, das Öl langsam dazugießen, dabei ohne Pause mit einem Schneebesen, Quirl oder Pürierstab rühren. Kapern grob hacken, Gurken klein würfeln, Koriander hacken. Alle Gewürze und das Joghurt in die Mayonnaise rühren, mit Salz und Pfeffer abschmecken.

Spargel aus dem Topf nehmen, mit kaltem Wasser abschrecken und gut abtropfen lassen. Brotbrösel und Käse mischen, Ei und Eiweiß in einem tiefen Teller mit einer Gabel etwas schlagen. Spargelstücke panieren: Erst in Mehl wenden, dann durchs Ei ziehen und schließlich in den Käsebröseln wälzen. Butterschmalz in einer großen Pfanne erhitzen, Spargelnuggets darin in zwei oder drei Portionen goldbraun ausbacken. Mit Remoulade und Zitronenschnitzen servieren.

Varianten

Für eine klassische Remoulade gehören ein paar gehackte Sardellenfilets in die Sauce, die Kräuter sind dann Estragon und Kerbel.

Jedes andere zartblättrige Kraut vom Fensterbrett passt ebenso dazu, zum Beispiel Petersilie, Basilikum oder Schnittlauch.

Thai-Roti mit Chilisauce

Zeit: 25 Minuten und 30 Minuten Ruhezeit

Diese Chilisauce ist eine Entwicklung meines Mitarbeiters und Foodstylisten Alex. Wie scharf das Gebräu wird, hängt ganz von der Mischung zwischen sehr scharfen, sehr aromatischen und eher milden Chili-, Peperoni- oder Paprikasorten ab. Mir reichen drei oder vier scharfe Schoten in einer Sauce mit vielen mild-aromatischen Peperoni. Alex nennt seine Mischung »Daemonic Sauce of Death« – ein kleines Gläschen davon reicht sehr lange ...

300 g Mehl und etwas Mehl zum Ausrollen, Salz, 5 EL Zucker, 1 Ei, 100 g Chili und Peperoni, 1/2 Knoblauchzehe, 4 cm Ingwerwurzel, 2 EL Weißwein- oder Reisessig, 8 EL Öl, 1 Dose Kichererbsen (330 g), 3 EL Sauerrahm

Mehl, eine kräftige Prise Salz, 2 TL Zucker, das Ei und 2–3 EL Wasser zu einem festen, glatten Teig verkneten. Den Teig in 12 gleich große Stücke teilen, zu Kugeln formen und auf einem Teller mit einem feuchten Küchentuch abgedeckt 30 Minuten ruhen lassen.

Chilis waschen und die Stielansätze abschneiden. Knoblauch und Ingwer schälen. Beides mit den Chilis grob hacken. Die Mischung mit restlichem Zucker, Salz, Essig und 4 EL Öl sehr fein pürieren. Kichererbsen abtropfen lassen, ebenfalls cremig pürieren, mit Sauerrahm mischen und mit Salz abschmecken.

Die Teigkugeln auf einer bemehlten Arbeitsfläche zu länglichen, 2–3 mm dünnen Fladen ausrollen. Von der Längsseite her einrollen. Den Teigstrang U-förmig hinlegen und dann wie ein Seil spiralförmig verdrehen. Diese Spirale kurz ruhen lassen und dann wieder 2–3 mm dünn ausrollen. Restliches Öl in einer Pfanne erhitzen. Die Brote bei mittlerer Hitze 2–3 Minuten von beiden Seiten knusprig braun backen. Auf einem Küchenpapier abtropfen lassen und mit Kichererbsenpüree und Chilisauce servieren.

Sonntagsvariante

Mit kross gebratenen **Hähnchenflügeln** servieren.

EXTRA

Gemüse von Balkon und Fensterbrett

Nichts geht über den Geschmack von quasi noch zuckendem, weil gerade erst selbst geerntetem Gemüse. So frisch, wie es Händler gar nicht kennen, werden selbst einfache Gemüsesorten wie Zucchini oder Blattsalat zum exquisiten Genuss. Selbst Städter können auf Balkon und Fensterbrett erstaunlich vielfältige Gemüsegärten anlegen – das habe ich mit meiner Frau einige Jahre lang in einer Wohnung am Münchner Hauptbahnhof ausprobiert. Den Gang zum Gemüsehändler ersetzt die Balkonernte natürlich nicht, doch das eine oder andere Gericht lässt sich auf jeden Fall mit dem Selbstangebauten bestreiten.

In puncto Gemüse sind Tomaten, Zucchini und Pflücksalate die allererste Wahl. Sie alle wachsen schnell, zuverlässig und in großer Zahl. Für den Tomatenanbau am besten kleinwüchsige Sorten wählen wie Mini- oder Buschtomaten. Oder die kleinen, gelben Birnentomaten. Einfach Samen besorgen und ein bisschen experimentieren. Wenn ich bei Freunden, im Restaurant oder im Urlaub eine besonders leckere Tomate esse, nehme ich ein paar Samen mit. Die lege ich über Nacht in ein Glas Wasser, spüle sie auf einem Sieb ab und lasse sie dann trocknen. Manchmal gibt es bei der Nachzucht lustige Überraschungen: Habe ich nämlich eine moderne Hybridsorte erwischt, bekommen die Jungpflanzen die Eigenschaften einer der Großeltern-Pflanzen. Tomaten wollen einen Platz an der Sonne. Viel Wasser und reichlich Dünger machen ihr Glück perfekt. Pflanzen nie von oben gießen, vor starkem Regen geschützt, wachsen Tomaten am besten unter einem Dachvorsprung. Ab März können die Samen vorgezogen werden, erst ab Mai dürfen die Pflänzchen nach draußen. Neben jede Pflanze einen Stab in die Erde stecken, an dem die Pflanze festgebunden wird. Nur zwei, höchstens drei Haupttriebe pro Pflanze wachsen lassen, die aus den Blattachseln sprießenden Seitentriebe regelmäßig ausbrechen, also »ausgeizen«. Tomaten, die im Herbst vor dem Frost nicht ganz ausreifen, in Papier wickeln und in der Wohnung nachreifen lassen. Zucchini sind wahre Wachstumswunder im Gemüsegarten, selbst in großen Blumentöpfen fühlen sie sich etwas beengt. Deshalb reifen an Balkon-Zucchini selten mehr als zwei Zucchini gleichzeitig. Wenn Sie die aber früh genug ernten, wachsen sofort zwei neue nach, den ganzen Sommer lang. Pflücksalate begnügen sich mit einem Platz im Balkonkasten. Nicht den ganzen Kopf, sondern nur die unteren Blätter ernten, dann wachsen oben immer wieder neue nach. Auch Spinat und Mangold schmecken wunderbar als Salat, solange die Pflanzen jung sind, also gut in einen Balkonkasten passen. Unter den Früchten sind Monatserdbeeren ein Muss, auch ein oder zwei Himbeersträucher stehen jedem Balkon gut.

Platz ist auf dem Balkon der begrenzende Faktor. Kohl, Artischocken und andere Großgewächse scheiden deshalb aus. Nutzen Sie alle Ebenen – Töpfe auf dem Boden, Kästen am Geländer, Regale vor der Hauswand, Hängeampeln. Pflanzgefäße aus Kunststoff sind nicht nur wesentlich günstiger als Tongefäße, sie verlieren an heißen Tagen auch weniger Feuchtigkeit. Ihr geringes Gewicht kann ein Vorteil sein, vor allem auf Balkonen am Altbau.

Ganz wichtig: Auf dem Balkon und erst recht auf Fensterbrettern alles vor dem Abstürzen sichern. Perfekt für Balkon und Fensterbrett sind auch rankende Gewächse wie Feuerbohnen. An Schnüren oder Gittern wachsen sie schnell nach oben, sind ein guter Sichtschutz und zudem sehr dekorativ mit ihren roten Blüten. Na, und im Herbst wird dann geerntet und gekocht. Zum Beispiel »Schnelle selbst gemachte Nudeln« (siehe S. 106) mit Feuerbohnen.

Basis Brot

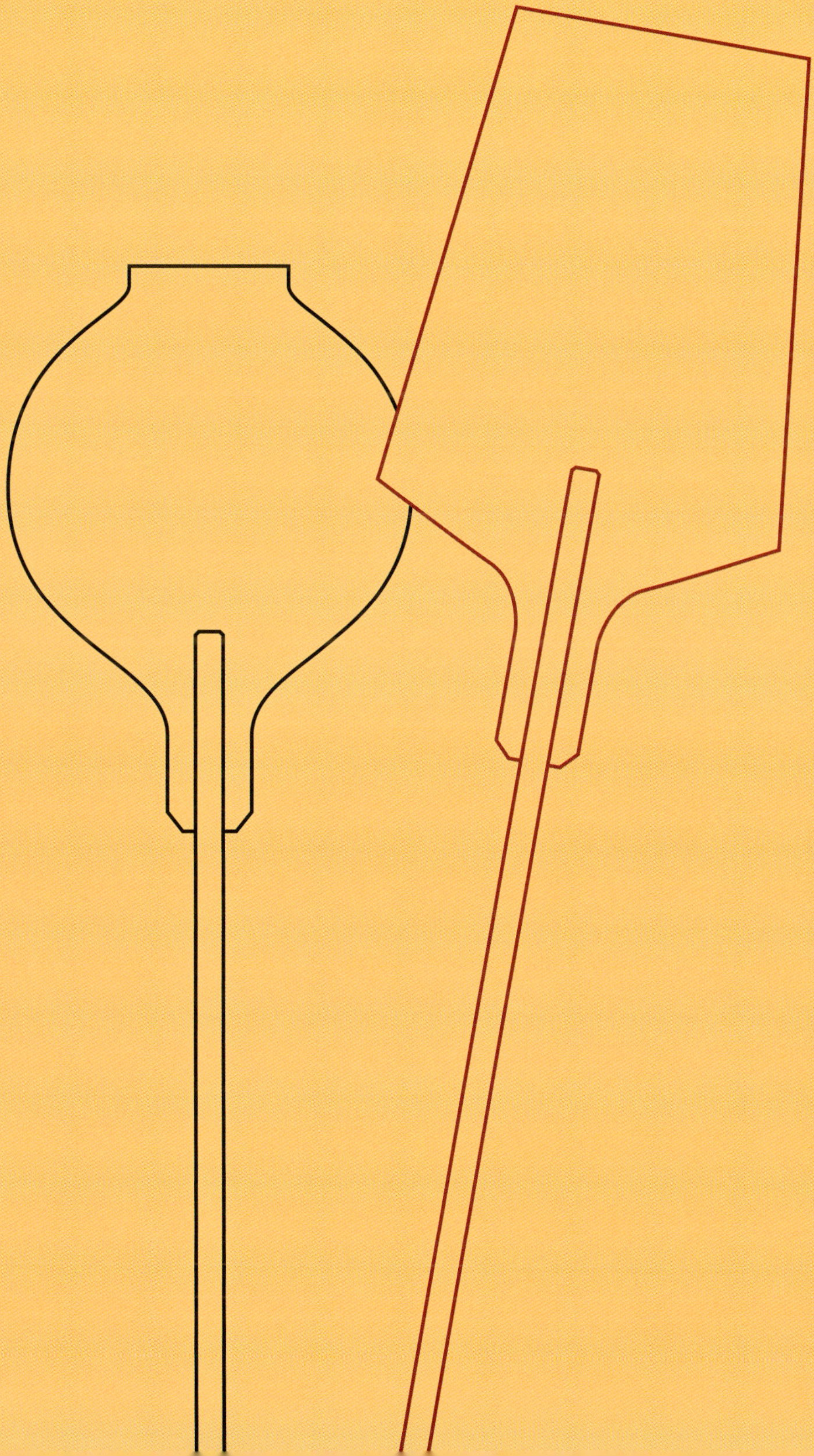

Backen, rösten, reiben, panieren, gratinieren

Um die Wurzeln unserer Kultur nicht nur zu erkennen, sondern auch zu erfühlen, sollte jeder einmal ein gutes Sauerteigbrot selber backen. Das ist viel einfacher, als Sie vielleicht denken und ermöglicht Ihnen neue sinnliche Erfahrungen – der Duft der Gewürze, das Kneten des Teiges, das Krachen der heißen Kruste. Die Ägypter haben es erfunden, vielleicht schon die Sumerer. Mit Ackerbau und Brotbackofen entstanden damals Staaten, denn Bauern konnten viel Nahrung auf kleiner Fläche produzieren und damit auch Regierung, Beamten und Soldaten ernähren. Vorher lebten Nomaden oder Jäger immer in kleinen Gruppen, von der Hand in den Mund. Ackerbau und die Entwicklung effizienter Getreidemühlen stehen auch am Anfang des römischen Weltreiches. Schlechte Landwirtschaftspolitik führte jedoch im Laufe der Zeit zu ungerechter Verteilung des Ackerbodens und zu übertriebener Viehhaltung in Italien. Das Brot zu den Spielen im Kolosseum konnte irgendwann nur noch mit importiertem Weizen gebacken werden. Rom wurde abhängig von seinen Randprovinzen und damit instabil, dann brach das Weltreich auseinander. Deutschland ist heute regelmäßig unter den wichtigsten Anbauländern für Weizen. Das finde ich beruhigend.

Doch zurück zu Ihrem Brot: Den ersten Sauerteigansatz bekommen Sie von einem guten Bäcker. Danach nehmen Sie von jedem Teig ein Stück ab und füttern damit ihren Ansatz (siehe S. 126). Wenn der Teig nach einem Winter noch lebt, dürfen Sie den Ehrentitel »Old Sourdough« führen, so wie es die frühen Fallensteller in der kanadischen Wildnis taten. Der Teig war ihnen wichtig, denn sie konnten ja keine Hefewürfel im Supermarkt kaufen, wollten aber in den Monaten der Einsamkeit gelockertes Brot essen. Wer weiß, vielleicht lebt irgendwo in Kanada heute noch ein Sauerteig aus dieser Zeit. Auch in der Münchener Hofpfisterei lebt ein Sauerteig schon sehr, sehr lange. Der Uransatz könnte aus dem 14. Jahrhundert stammen, denn damals wurde ein direkter Vorläufer der Hofbäckerei zum ersten Mal urkundlich erwähnt – ich vermute aber, dass Kriege und andere Katastrophen die Weitergabe des Teiges irgendwann unterbrochen haben. Auf jeden Fall hat der Teig der Hofpfisterei im Laufe der Zeit eine ganz eigene Zusammensetzung von Hefe- und Milchsäurebakterien entwickelt. Die scheinen gut bayrisch und sehr konservativ zu sein: Als die Bäckerei vor einigen Jahren in andere Städte expandieren wollte, wurden dort neue Backstuben gebaut. Der Chefbäcker nahm seinen Teig und buk nach bewährtem Rezept in den gleichen Steinbacköfen das Brot an neuem Ort – es schmeckte anders. Der Teig braucht einfach das Mikroklima der Münchner Backstube, an das er sich im Lauf der Jahre gewöhnt hat! Wenn Sie Ihren Teig liebevoll pflegen, werden auch Sie bald ein völlig eigenes, unverwechselbares Brot backen. Und dann ihre Kinder, Enkel, Urenkel …

Krustenbrot

Keine Angst vor Sauerteig – Ihr erstes Brot wird vielleicht noch nicht ganz so aussehen wie beim Bäcker, mit Sicherheit aber wird es besser schmecken! Brotbacken lohnt sich. Finanziell und auch spirituell. Ich mag aromatische Bauernbrote mit Kruste am liebsten, dafür müssen Sie Roggen- und Weizenmehl mischen und Sauerteig und Hefe als Triebmittel kombinieren.

Für einen 2 kg-Laib: **35 g Anstellsauer (siehe Tipp), 1 kg Roggenmehl Typ 1150, 350 g Weizenmehl Typ 1050, 1 Würfel Hefe (oder 1 Btl. Trockenhefe), 35 g Salz, je 1 EL Koriander und Kümmel, im Mörser oder Blitzhacker grob geschrotet**

Anstellsauer mit 350 ml lauwarmem Wasser und 350 g Roggenmehl vermischen. 35 Grad Wassertemperatur wären gut, dann hat der fertige Vorteig knapp 30 Grad. Den Vorteig zudecken und bei 20–25 Grad Zimmertemperatur 15–24 Stunden reifen lassen.

560 ml Wasser, restliches Roggenmehl, Weizenmehl, Hefe, Salz und die Hälfte der Gewürze mit dem Vorteig verkneten. Wenn Ihre Küchenmaschine die Aufgabe bewältigt, zuerst 8 Minuten auf kleinster Stufe kneten und dann noch 2 Minuten auf der höchsten Stufe. Mit der Hand geht es genauso gut, nur dauert es etwa doppelt so lange – und ist erst mal eine klebrige Angelegenheit. Den Teig 30 Minuten ruhen lassen. Anschließend auf einem mit Mehl bestäubten Brett zu einem runden Laib formen, dabei den Teig ebenfalls mit Mehl bestäuben. Den Teig-Laib auf ein Backpapier setzen, mit einem Tuch zudecken, Plastiktüte locker drüberlegen und auf die 1,5-fache Größe aufgehen lassen – das dauert ungefähr 1 Stunde.

In der Zwischenzeit den Backofen auf 280 Grad Umluft vorheizen, dabei ein Blech direkt auf den Ofenboden legen, ein zweites Blech auf die zweitunterste Schiene schieben. Noch besser wäre es, auf dieses zweite Blech (oder ein Gitter) eine Steinplatte oder einen großen flachen Stein zu legen. Es gibt für solche Zwecke spezielle Brotback- oder Pizzasteine. Die halten vielleicht länger als manche Bodenplatten oder Natursteine, dafür kosten sie auch Geld, während Sie ein Reststück Steinplatte in Ofengröße vom örtlichen Baustoffhandel vermutlich geschenkt bekommen.

Den Laib mit dem Backpapier auf das vorgeheizte Blech oder den Stein ziehen, die Ofentemperatur auf 250 Grad reduzieren (ohne Umluft), ca. 200 ml Wasser auf das untere Blech gießen, 15 Minuten backen. Danach den Ofen kurz öffnen, die Temperatur auf 210 Grad reduzieren und das Brot noch etwa 45 Minuten fertig backen. Wenn das Brot durchgebacken ist, klingt es hohl, wenn Sie auf den Brotboden klopfen. Auf einem Gitter abkühlen lassen.

Tipp

Bei echten Bäckern, die wirklich selber backen, bekommen Sie den ersten Anstellsauer, manche sagen auch Anstellgut. Wenn Sie vom gereiften Vorteig ein Stück abnehmen, wird das der Anstellsauer für den nächsten Teig, in einem Glas im Kühlschrank hält er sich ein paar Wochen, mit Mehl trocken verkrümelt deutlich länger. Falls es Ihnen vorkommt als wäre der Teig »eingeschlafen«, einfach mit lauwarmem Wasser und wenig Mehl verrühren und einige Stunden stehen lassen, bis er wieder sichtbar lebt. Mehr dazu in meinem Buch »Kochen (fast) ohne Rezept«.

Besonders saftiges Kastenweißbrot

Zeit: 10 Minuten und ungefähr
3,5 Stunden Back- und Ruhezeiten

Entscheidend für einen guten Hefeteig ist die Flüssigkeitsmenge: Je mehr, desto besser. Ungefähr 600 ml Wasser, Milch, Ei o.ä. für ein Kilogramm Mehl ergibt einen guten Teig. Deutlich feuchtere Teige bleiben so klebrig, dass Sie keinen Laib mehr daraus formen können. In einem Buch zur Verteidigung der Gentechnik in der Landwirtschaft fand ich ein Rezept, dessen Autor Prof. Beda M. Stadler diesen Grundsatz beherzt ignoriert und ungewohnt feuchten Teig ganz einfach in Kastenformen bäckt. Manchmal lohnt es sich gewohnte Denk- und Handlungsmuster in Frage zu stellen. Nicht nur für Gentechnikfreunde und -feinde, sondern auch für uns Brotbäcker.

Für 2 Brote: **800 (!) ml handwarmes Wasser, 1 Btl. Trockenhefe, 1 EL Zucker, 1 kg Mehl, 2 EL Salz, Butter für die Formen**

Wasser mit Hefe, Zucker und etwa 100 g Mehl in einer großen Schüssel verrühren. In einem zweiten Schritt restliches Mehl und Salz kräftig unterrühren – kneten wäre das falsche Wort, aber Sie können dafür trotzdem ein Handrührgerät mit Knethaken benutzen. Die Schüssel mit einem Tuch zudecken und an einem warmen Ort 1–2 Stunden gehen lassen, bis sich das Teigvolumen verdoppelt hat.

Zwei kleinere Kastenformen buttern, mit dem Teig jeweils ungefähr bis zur Hälfte füllen. Dabei den Teig nicht zu sehr bearbeiten, damit Sie die Luftblasen nicht herausdrücken. Backofen auf 200 Grad vorheizen (Umluft 180 Grad). Den Teig noch einmal gehen lassen, bis er fast den Rand der Form erreicht. Im Ofen auf der zweiten Schiene von unten 50 Minuten backen.

Sonntagsvariante

Mehr als ein bisschen **Frischkäse oder Butter** braucht das frisch gebackene Brot nicht. Es hält allerdings nicht sehr lange wegen der schnellen Teigführung – also genauso schnell essen oder den zweiten Laib einfrieren.

Brotsuppe mit Leberwurst

Zeit: 20 Minuten

Jedes Land hat seine eigene Brotsuppe, denn Brot wirft man nicht weg. Gewürzt wird mit dem, was die Speisekammer hergibt, also Paprika in Spanien, Tomaten in Italien und Majoran oder Kümmel in Bayern. Immer dabei sind Zwiebeln oder Knoblauch als natürliche Geschmacksverstärker für das eher neutrale Brot.

1 Bund Suppengrün, 200 g trockenes Brot, 2 Zwiebeln, 1 EL Öl, Salz, Pfeffer, Kümmel, 100 g grobe Leberwurst

Suppengrün putzen, schälen und in kleine Würfel schneiden. Petersilie hacken. 1 Liter Wasser mit den Gemüsewürfeln aufkochen, salzen und 5 Minuten kochen.

Schwarzbrot zuerst in dünne Scheiben, dann in ca. 3 cm große Stücke schneiden. Brotstücke in einer Pfanne ohne Fett 4 Minuten von beiden Seiten knusprig rösten. Anschließend in 4 Suppenteller verteilen. Zwiebeln schälen, halbieren und in schmale Spalten schneiden. Mit dem Öl in einer beschichteten Pfanne 5 Minuten goldbraun braten, dabei öfter umrühren. Mit Salz, Pfeffer und Kümmel würzen. Die Zwiebeln aus der Pfanne nehmen, auf dem Brot verteilen. Leberwurst in 4 Scheiben schneiden, in der Zwiebelpfanne von beiden Seiten kurz anbraten und dann vorsichtig von der Pfanne in die Teller heben.

Mit der heißen Gemüsebrühe aufgießen, mit Petersilie bestreuen und servieren.

Sonntagsvariante

Die Vielfalt der Suppeneinlagen lässt sich beliebig erweitern und variieren, jede Kombination gibt der Brühe einen eigenen Charakter. Grundsätzlich sollten diese Zutaten immer klein geschnitten sein. Geeignet sind alle Arten von **Gemüse** und **Kräutern, Bratenreste** vom Vortag oder auch mal der Rest aus einer Flasche **Ketchup.** Die einfach halb mit heißem Wasser füllen, schütteln und das Wasser dann für die Brühe verwenden.

Gemüse-Schlupfer

Zeit: 15 Minuten und 20 Minuten Backzeit

Als Koch mit viel Erfahrung bei der Zubereitung feiner Menüs, habe ich mich vor der Zubereitung von Aufläufen aller Art immer eher gedrückt. Dabei gibt es wenige Zubereitungsarten für Gemüse, die mehr Befriedigung versprechen, als ein zünftiger Auflauf. Zusätzlich haben sie den Vorteil, dass Kinder Aufläufe lieben – oft sogar mit Gemüse. Die Gemüsesorten für diesen Auflauf können Sie variieren: Kürbis, Fenchel, Brokkoli, Zucchini passen alle gut dazu.

300 g trockenes Weißbrot, 2 Zwiebeln, 2 Knoblauchzehen, 2 Kohlrabi, 2 Tomaten, 1 Lauchstange, 8 Eier, 0,5 l Milch, Salz, Pfeffer, Muskat, etwas Butter und Mehl für die Form

Außerdem: Eine ofenfeste Form (ca. 20 x 30 cm), oder 6–8 Portionsförmchen mit je ca. 175 ml Inhalt

Etwa 50 g Weißbrot im Blitzhacker zerbröseln, den Rest 1 cm groß würfeln. Zwiebeln und Knoblauch schälen, ebenfalls würfeln. Kohlrabi schälen, den Stielansatz von den Tomaten entfernen. Beide Gemüse ebenfalls 1 cm groß würfeln, dabei die Tomateninnereien entfernen und einfrieren (siehe S. 90). Lauch putzen, längs halbieren, waschen und in Scheiben schneiden.

Ofen auf 200 Grad (Umluft 180 Grad) vorheizen. Eier mit Milch verquirlen und kräftig mit Salz, Pfeffer und Muskat abschmecken. Die Form oder die Förmchen buttern und mit Brotbröseln ausstreuen. Gemüse und Brotwürfel mischen und in die Form füllen. Mit der Eiermilch aufgießen und 5 Minuten ziehen lassen. Dann erst in den Ofen schieben und 20 Minuten auf der mittleren Schiene goldbraun backen. Auflauf aus dem Ofen nehmen, etwas abkühlen lassen und lauwarm servieren.

Sonntagsvariante

Geriebenen Käse zugeben, zum Beispiel **Emmentaler, Bergkäse oder Parmesan.** Dann die Eiermilch weniger salzen.

Kleine Hühnerschnitzel mit Salat

Zeit: 30 Minuten

Kennen Sie die »Känguru-Chroniken«? Das sind die Erlebnisse von Marc-Uwe Kling in Wohngemeinschaft mit einem marxistischen Känguruh, das Schnapspralinen und die Band Nirvana liebt. Seit ich seine Geschichten gehört habe, denke ich beim Schnitzelpanieren immer an einen Spruch des Kängurus: »Damals beim Viet Cong haben wir den ganzen Tag Fischstäbchen gegessen, nur ohne Panade ... und ohne Füllung ...«. So gesehen ist das hier auf jeden Fall die Luxusvariante, obwohl das panierte Schnitzel überhaupt nur erfunden wurde, um wenig Fleisch nach mehr aussehen zu lassen. Ein Effekt, der sich verstärkt, je kleiner die einzelnen Schnitzelchen sind.

200 g trockenes Brot, 2 Eier, 100 g Mehl, 2 Hähnchenbrustfilets, Salz, Pfeffer, 1 Kopfsalat, 1 Zitrone, 4 EL Joghurt, 1 TL scharfer Senf, 2 EL Öl, 3 EL Butterschmalz

Brot grob zerkleinern und in einem Blitzhacker fein zerbröseln. Eier verquirlen. Brösel, Ei und Mehl jeweils in einen tiefen Teller geben. Hähnchenbrustfilets schräg in 4–5 dünne Scheiben schneiden und mit Salz und Pfeffer würzen. Die kleinen Schnitzelchen erst in Mehl, dann in den Eiern und zum Schluss in den Bröseln wenden – nicht andrücken, damit die Panade beim Ausbacken knusprige Blasen wirft.

Salat waschen, trocken schleudern und in mundgerechte Stücke zupfen. Eine Zitrone in Schnitze schneiden. Joghurt mit ein paar Tropfen Zitronensaft mischen, mit Salz, Pfeffer und Senf würzen, Öl und 2–3 EL Wasser unterrühren, abschmecken.

Butterschmalz in einer großen Pfanne erhitzen. Schnitzelchen 4 Minuten von beiden Seiten goldbraun backen und auf einem Küchenpapier abtropfen lassen. Salat mit Joghurtsauce marinieren, mit Schnitzelchen und Zitronenspalten servieren.

Dazu passen Bratkartoffeln, Püree oder Kartoffel-Pogatschen (siehe S. 46).

Gefüllte Dampfnudeln

Zeit: 45 Minuten und 55 Minuten Garzeit
und knapp 14 Stunden Ruhezeiten

Paul Breitners Frau war im München der 80er Jahre die stadtbekannte Dampfnudel-Königin. Im »Le Gourmet«, dem damaligen Restaurant von Otto Koch, stand sie ab und zu persönlich in der Patisserie, um die bayerische Spezialität zu backen. Wir Köche haben natürlich versucht Frau Breitner ihre Geheimnisse zu entlocken: Neben dem richtigen Teig und ein bisschen Übung ist vor allem der Dampfnudeltopf entscheidend. Am besten aus Gusseisen, schwer und flach und groß soll er sein, gut eingebacken, damit nichts darin anklebt, der Deckel muss gut schließen. Ohne den richtigen Topf ist es besser die Dampfnudeln in eine feuerfeste Form zu setzen und dann wie Rohrnudeln im Ofen zu backen. So entsteht zwar nicht die leckere Karamellschicht am Boden des Topfes, dafür bekommen die Nudeln aber eine goldbraun gebackene Oberseite.

Für 12 Stück: **500 g Mehl, 1 TL Salz, 1/2 Hefewürfel, 6 EL Zucker, 450 ml Milch, 150 g zimmerwarme Butter, 2 Eier, 36 Kirschen oder 12 Zwetschgen oder 1–2 Äpfel, Mehl zum Formen der Dampfnudeln**

Mehl und Salz in eine Rührschüssel geben. Eine kleine Vertiefung in die Mehlmitte drücken, Hefe hineinbröseln, 3 EL Zucker zugeben. 200 ml Milch leicht erwärmen, in der Schüssel mit Hefe und Zucker zu einem Vorteig verrühren. Mit etwas Mehl bestäuben, ein Tuch über die Schüssel legen und an einem warmen Ort ca. 10 Min. gehen lassen.

100 g Butter und Eier zum Vorteig geben und alle Zutaten zu einem weichen Teig verkneten. Zugedeckt an einem warmen Ort 30 Minuten gehen lassen, bis der Teig sichtbar größer geworden ist. Dann mit Frischhaltefolie abdecken und im Kühlschrank 6 Stunden gehen lassen.

Die Früchte waschen und entsteinen, Äpfel schälen und würfeln. Teig mit Mehl bestäuben, kurz kneten, nacheinander mit einem Löffel 12 Teigstücke abstechen, mit sehr wenig Mehl bestäuben, leicht auseinanderziehen. Jeweils 3 Kirschen oder eine Zwetschge oder ein paar Apfelwürfel mit einer Prise Zucker in die Mitte des Teigstücks legen, verschließen und auf einem mit Mehl bestäubten Tuch noch einmal 15 Minuten gehen lassen. Dabei auch die Dampfnudeln mit Mehl bestäuben und mit einem zweiten Tuch zudecken.

In einem großen, flachen Topf (siehe oben) 250 ml Milch, 2 EL Zucker und restliche Butter lauwarm erhitzen. Dampfnudeln mit der Nahtstelle nach unten in die Milch legen. Die Milch aufkochen. Den Deckel auflegen – während der gesamten Garzeit nicht mehr abnehmen! Nudeln bei schwacher Hitze etwa 45 Minuten auf dem Herd garen. Dann ist die Flüssigkeit aufgesogen, es beginnt sich eine Kruste zu bilden – was Sie hören können: Ein sanftes Brutzelgeräusch kommt aus dem Topf. Auf schwächster Flamme noch 5 Minuten garen, dann vom Herd nehmen und noch 10 Minuten ziehen lassen. Die fertigen Dampfnudeln aus dem Topf nehmen und schnell aufessen.

Sonntagsvariante

Ich mag die Dampfnudeln aus der Hand so wie sie sind – **Nusseis, Vanilleeis** oder die entsprechenden **Saucen** machen ein Dessert daraus.

Birnen-Topfen-Kücherl

Zeit: 15 Minuten und 10 Minuten Backzeit

Besonders viele Desserts finden Sie nicht in diesem Buch, fast könnte es heißen »Kochen (fast) ohne Nachtisch«. Das ist vielleicht ein bisschen gemein. Wenn Ihnen also irgendwann die sechs süßen Rezepte nicht mehr ausreichen, dann schicken Sie mir einen Brief. Ich sorge für Abhilfe. Aber zuerst müssen Sie unbedingt diese leckeren Topfenkücherl probieren.

250 g Quark (Topfen), 3 Eier, 30 g Stärke (2 EL), 1 Btl. Vanillezucker, Salz, 3 EL Zucker, 1 Birne, 1–2 EL Butterschmalz, Puderzucker zum Bestäuben

Ofen auf 200 Grad (Umluft 180 Grad) vorheizen. Quark in einer Schüssel glatt rühren. Eier trennen. Eigelbe, Stärke, Vanillezucker und eine kleine Prise Salz mit dem Quark verrühren. Eiweiß mit Zucker steif schlagen und unter die Quarkmasse heben.

Birne vierteln und das Kerngehäuse entfernen. Die Viertel in je 2–3 Spalten schneiden. Butterschmalz in einer großen, beschichteten Pfanne erhitzen. Jeweils zwei oder drei Birnenspalten nebeneinander in die Pfanne setzen. Zwischen den Birnenpaaren möglichst viel Abstand lassen. Birnenspalten 3 Minuten anbraten und wenden. Mit einem Esslöffel die Quarkmasse auf den Birnen verteilen und 10 Minuten im Ofen auf der mittleren Schiene backen. Mit einer Palette die Topfenkücherl aus der Pfanne nehmen, auf Teller setzen und mit Puderzucker bestäuben. Heiß servieren.

Tipp

Genauso gut werden die Kücherl mit einem Apfel oder einer Quitte – bei den Quitten die Bratzeit aber auf mindestens 5 Minuten erhöhen. (Manche Sorten brauchen noch viel länger. Im Handel ist meist die türkische Esme, die ist nach 5 Minuten bissfest.)

Sonntagsvariante

Für eine schnelle **Schokoladensauce** 50 g Zartbitterkuvertüre mit 5 EL Sahne in einem Topf bei geringer Hitze schmelzen, glatt rühren und über die Kücherl träufeln.

Semmelschmarrn

Zeit: 20 Minuten und 20 Minuten Ruhezeit

Trockenes Brot, Milch und Ei sind eine wunderbare Kombination und führen zu einigen Klassikern der deutschen Küche wie Semmelknödel, Ofenschlupfer oder gefüllte Kalbsbrust. Die Grenzen zwischen den Gerichten sind manchmal fließend, schneiden Sie zum Beispiel die Brotscheiben für den Semmelschnarrn nur ein wenig dicker, werden daraus Arme Ritter.

3 Semmeln/Brötchen oder 150 g Weißbrot vom Vortag (Mischbrote eignen sich auch, schmecken rustikaler und benötigen etwas weniger Milch), 250 ml Milch, 2 Eier, 2–3 EL Butter, 2 EL Zucker, 1/2 TL Zimt

Semmeln halbieren und in dünne Scheiben schneiden. Die Milch leicht erwärmen, mit den Eiern verquirlen und über die Semmeln gießen. Zudecken und 20 Minuten quellen lassen.

Eine große, beschichtete Pfanne erhitzen, die Hälfte der Butter darin aufschäumen. Semmelmasse zugeben, in der Pfanne verteilen und bei mittlerer Hitze 2–3 Minuten stocken lassen. Den Semmelschmarrn mit zwei Gabeln in große Stücke reißen, goldbraun braten, wenden. Restliche Butter zugeben und 3–4 Minuten fertig braten.

Zimt und Zucker mischen, über den Schmarrn streuen, vorsichtig mischen. Sobald der Zucker schmilzt und beginnt zu karamellisieren, ist der Schmarrn fertig. Mit Kompott oder frischen Früchten servieren.

Dazu passen Birnenkompott, Apfelkompott, Zwetschgenröster oder ähnliche Vorräte aus der Speisekammer.

Fürs Birnenkompott 1 kg Birnen schälen, halbieren, das Kernhaus entfernen, die Früchte in Spalten schneiden. Birnen mit 100 g Zucker, 100 ml Wasser und Saft und Schale einer Zitrone zugedeckt kochen. Das dauert je nach Reifegrad der Birnen 10–15 Minuten. Das Kompott heiß in saubere Einmachgläser füllen und verschließen. Kühl gelagert hält das Kompott einige Wochen. Für längere Haltbarkeit können Sie die Gläser auch 20 Minuten sterilisieren (siehe S. 156), dann aber vorher nur 3–4 Minuten kochen.

Sonntagsvariante

Sobald der Zucker schmilzt und beginnt zu karamellisieren, mit 5 cl **Whisky oder Willamsbirnengeist** löschen und kurz flambieren, d.h. ein Streichholz vorsichtig an die Pfanne halten – nicht erschrecken, es gibt eine Stichflamme!

Tante Gudruns Alltagskekse

Zeit: 60 Minuten, knapp 30 Minuten Backzeit und 30 Minuten Ruhezeit

Eigentlich sind es besonders feine Kekse, die Tante Gudrun bäckt, aber sie sind immer vorrätig für Gäste, zum Kaffee und als Mitbringsel. Deshalb heißen sie Alltagskekse. Meine Kollegin Rosa Wolff, die erfolgreich versucht hat, sich von Hartz IV biologisch zu ernähren, bäckt ähnliche Kekse, denn: »Eine kleine Süß-Reserve braucht der Mensch. Die Plätzchen sind lecker, kosten wenig (jedenfalls viel weniger als fertige) und sind schnell gemacht.« Ihr lesenswertes Buch »Arm aber Bio!« finden Sie über den gleichnamigen Blog.

Für 3 Bleche: 500 g Mehl, 200 g Zucker, 375 g Butter, 5 Eigelb, 1 Msp. Backpulver, 1 Pckg. Vanillezucker (optional)

Alle Zutaten verkneten, den Teig in Frischhaltefolie wickeln und mindestens 30 Minuten im Kühlschrank ruhen lassen. Ofen auf 200 Grad (Umluft 180 Grad) vorheizen. Den Teig kurz durchkneten. Ein Drittel etwa 3 mm dick ausrollen, mit einem Kreisausstecher Mondsicheln ausstechen und auf ein Backblech legen – das Blech müssen Sie nicht fetten, denn im Teig ist genug Butter. Das erste Blech in den Ofen schieben und ca. 8 Minuten hellgolden backen. Vorsicht: Aus hellgolden wird schnell schwarz ... Während die ersten Kekse im Ofen sind, die Teigreste vom Ausrollen mit dem zweiten Teigdrittel verkneten, ebenfalls ausrollen, ausstechen und backen. Wer schnell ist, hat nach kurzer Zeit alle drei Bleche im Ofen und muss diese dann je nach Bräunungsgrad untereinander austauschen, bis alle Kekse perfekt gebacken sind. Auf keinen Fall die Küche verlassen und keine Telefonanrufe entgegennehmen!

Die abgekühlten Kekse halten sich gut in Metalldosen, zwei Wochen sind gar kein Problem.

Doppelnutzen

Jedes Eigelb-Rezept braucht ein Zwillingsrezept fürs Eiweiß:

Für **»Alltags-Mandelbaisers«** schlagen Sie 5 Eiweiß mit 300 g Zucker steif und rühren dann 200 g Mandelblättchen darunter. Mit einem Teelöffel kleine Häufchen auf ein Backblech mit Backpapier setzen und bei 100 Grad Umluft etwa 60 Minuten trocknen, bis die Baisers hart sind. Dabei einen Kochlöffelstiel zwischen Ofen und Ofentür klemmen, so dass ein schmaler Spalt offen bleibt, durch den die Feuchtigkeit gut entweichen kann.

Die Ökonomie der Jahreszeiten

DIE ÖKONOMIE DER JAHRESZEITEN

Warum die billigste Kirsche auch die beste ist, und wie ich sie am besten ins Glas befördern kann

»Erde brauche ich nur, damit meine Bäume nicht umfallen. Alles andere löse ich lieber technisch. Dann kann ich selber bestimmen, wann ich wie viele Kirschen in welcher Größe ernte.« So sprach der Obstbauer. Wie seine Kollegen aus der Gemüsebranche zieht und zerrt und knetet und wendet er die Rhythmen der Natur um seine Produkte möglichst außerhalb der eigentlichen Saison auf den Markt zu bringen. Klingt bescheuert, ist aber ganz logisch, denn außerhalb der Saison ist das Angebot gering, folglich sind die Preise hoch. Deshalb legen Spargelbauern Fußbodenheizungen unter ihre Felder, Obstbäume kommen an den Nährstoff-Tropf und Folientunnel überwuchern ganze Landstriche. Die Trickkiste ist tief: Geschmacklose Januar-Erdbeeren werden schon mal mit Aromastoffen besprüht, im März verpackt der Bauer seine Kirschen einzeln in Pralinenkapseln. Und manch eine Avocado verbringt mehr Zeit im Flieger als ein Unternehmensberater. Dabei geht es natürlich nicht um Geschmack, sondern um Geld. Das ist auch nicht weiter verwunderlich, denn Bauern sind in erster Linie Unternehmer. Sie müssen ihre Familien ernähren, fürs Alter vorsorgen und so weiter. Manche von ihnen lieben die Natur, aber dafür werden sie selten bezahlt.

Doch auch wenn wir als Verbraucher nach dem bestmöglichen Obst und Gemüse zum niedrigsten Preis suchen, helfen uns die Gesetze des Marktes: Während ihrer »natürlichen« Saison schmecken Obst und Gemüse am besten, das Angebot ist groß, die Preise sind niedrig. Noch niedriger sind sie, wenn das jeweilige Obst und Gemüse wirklich reif ist. Das mögen viele Produzenten eigentlich gar nicht, denn dann drängt die Zeit: Nach wenigen Tagen wäre die Ware nämlich verdorben – keine Zeit also für lange Verhandlungen auf der Suche nach dem höchsten Preis.

Bei regionalem Gemüse sind zusätzlich die Transportwege kurz. Und weil die Transportwege kurz sind, kann dann doch etwas reifer geerntet werden. In jedem italienischen Supermarkt finden Sie zum Beispiel Netzmelonen, für die Sie hier eine beträchtliche Summe in den Feinkostladen tragen müssten. In Italien können die Früchte reif geerntet werden, der Weg vom Feld ins Regal ist kurz, und die Zahl der Zwischenhändler gering. Neben diesen Phänomenen natürlicher Ernteschwemme gibt es ganzjährig immer wieder auch eine kurze »Discounter-Saison«, wenn irgendwo in Europa eine Schiffsladung Obst oder Gemüse schnell verkauft werden muss. Die Gründe für die Eile sind sehr unterschiedlich, und so kann die Ware erstklassig oder auch geschmacklos sein. Probieren Sie eine kleine Menge, wenn's schmeckt, kaufen Sie die ganze Kiste.

So viel zur Jagd, doch was tun mit der Beute? Gerade die Steige Kirschen mit den reifsten Früchten hält schließlich nicht ewig. Kochen Sie die Früchte ein, füllen Sie das Kompott heiß in saubere Gläser. Die Ausfallquote ist auch bei geringem Zuckergehalt normalerweise sehr gering. Auf diese Weise können Sie selber bestimmen, wann Sie wie viele und vor allem welche Kirschen zu welchem Preis einkaufen. Und das ist ein gutes Gefühl.

Tomatensauce und Tomatenwasser

Zeit: ca. 2 Stunden

Wenn die Sommersonne im August langsam an Kraft verliert, dann sind süditalienische Straßen voller Tomatenlaster. Die glücklichen Familien, die eigene Tomaten ernten können, kochen dann Passata, die Tomatensauce für den Winter. Auch bei uns ist der Spätsommer die beste Zeit, um größere Mengen Tomaten zu ernten oder zu kaufen. Wenn Sie mit einem Gastronomen befreundet sind, lassen Sie sich ein paar Kisten Tomaten vom Großmarkt mitbringen. Oder Sie gehen ganz einfach selber dorthin. Das Rezept ist eine Weiterentwicklung der süditalienischen Methode, die Idee dazu hatte der fränkische Tomaten-Guru Peter Kunze. Die Mengen können Sie beliebig vervielfachen.

Für 5 l Tomatensauce und 2 l Tomatenwasser:
10 kg reife, aromatische Tomaten, 50 g Salz

Außerdem: **1 großer Topf, Passiergerät (z.B. flotte Lotte, es gibt aber auch spezielle Passiergeräte für Tomatensauce als Einzelgerät oder als Zubehör für die Küchenmaschine), Schraubdeckelgläser**

Tomaten waschen, Stielansätze entfernen, die Früchte sehr grob zerschneiden, mit dem Salz in einen Topf geben und einige Minuten stehen lassen, bis etwas Flüssigkeit aus den Tomaten ausgetreten ist. Den Topf auf den Herd stellen, Deckel auflegen, zum Kochen bringen, einmal umrühren und etwa 20 Minuten kochen.

Die sizilianische Hausfrau würde ihre Sauce jetzt noch lange einkochen, damit überschüssiges Wasser verdunstet. Bei großen Mengen ist aber die Topfoberfläche im Verhältnis zum Topfinhalt sehr klein, und deshalb kann der Vorgang sehr lange dauern. Wir sparen uns Zeit und Energie, indem wir den Topf vom Herd nehmen, vorsichtig das Tomatenwasser abschöpfen und durch ein feines Sieb in einen zweiten Topf gießen. Probieren Sie dieses Tomatenwasser! Es ist die perfekte Grundlage für alle Rezepte, in denen Sie sonst Brühe verwenden würden. Oder Weißwein, denn das Tomatenwasser hat eine sehr angenehme Säure. Die Tomaten im großen Topf ohne Deckel noch einmal 25–30 Minuten kochen, bis alle Tomaten vollständig weich gekocht sind. Anschließend passieren, um Kerne und Häute zu entfernen.

Schraubdeckelgläser im Ofen bei 100 Grad Umluft (120 Grad ohne Umluft) mindestens 10 Minuten sterilisieren, das ist einfacher als die Gläser heiß auszuspülen oder auszukochen und dabei wirkungsvoller. Die Deckel in kochendem Wasser sterilisieren.

Tomatenwasser und Tomatensauce in zwei Töpfen aufkochen, ein paar Minuten kochen lassen und dann jeweils in die heißen (Handschuhe verwenden!) Gläser einfüllen und sofort verschließen. Beim Abkühlen bildet sich ein Vakuum in den Gläsern, das die Sauce bis zum nächsten Sommer konserviert. Hat sich in der einen oder anderen Flasche kein Vakuum gebildet, diese kühlen und bald verbrauchen. Wer ganz sicher gehen will, kann auch erst die gefüllten Gläser sterilisieren (siehe S. 41) – ich bin davon abgekommen, Italienerinnen streiten sich noch.

Sonntagsvariante

Wenige geviertelte **Zwiebeln, Lorbeerblätter, Rosmarin, Salbei oder Thymian** mitkochen.

Basilikum übersteht keine langen Kochzeiten, deshalb erst in die Sauce geben, wenn Sie die Tomatensauce verwenden.

Essiggurken

Zeit: 30 Minuten und mindestens 24 Stunden und 4 Wochen Ruhezeiten

Sie sind ein Suchtmittel. Mein Körper braucht die regelmäßige Zufuhr saurer Gurken. Wahrscheinlich eine pränatale Prägung. Dabei mag ich milchsauer vergorene Salzgurken aus dem blubbernden Fass im Keller genauso wie »saubere« Essiggurken ohne irgendwelche Fermentationsprozesse. Meine Familie misstraut dem Gurkenfass, deshalb habe ich mit den klassischen Essiggurkenrezepten gespielt und eine leicht scharfe Version mit vergleichsweise wenig Zucker entwickelt. Damit ich keinen Essiggurkenbauch ansetze.

Für 3 Gläser mit je ca. 450 ml Inhalt:
1 kg etwa 8 cm lange Einlegegurken, 70 g Salz, 2 Zwiebeln, 1 Chili- oder Peperonischote, 1 Bund Dill oder 5 Stängel Estragon, 2 EL Senfkörner, 4 Lorbeerblätter, 1/2 l Essig (z.B. Weißweinessig), 3 EL Zucker

Einlegegurken gründlich waschen und trocknen. Mit 2 l Wasser und 75 g Salz in eine Schüssel geben, mit einem Teller beschweren und 24 Stunden an einem kühlen Ort stehen lassen.

Die Gurken abgießen. Zwiebeln schälen und in 1 cm dicke Scheiben schneiden. Chili oder Peperoni waschen, ebenfalls in Scheiben schneiden. Dillblüten waschen und trocken schütteln. Den Essig mit der gleichen Menge Wasser und 3 EL Zucker aufkochen, die Zwiebelscheiben und Gurken in die kochende Flüssigkeit geben, noch einmal aufkochen. Gurken mit einem Sieblöffel aus dem Topf heben und mit Kräutern und Gewürzen eng in große, heiß ausgespülte Schraubdeckelgläser schichten. Auf die Gurken kommen Dillblüten und Lorbeerblätter, den Abschluss bildet ein dicker Zwiebelring, der später dafür sorgt, dass die Gurken im Glas vom Sud bedeckt bleiben.

Essig-Zucker-Wasser aufkochen, die Gläser mit der kochend heißen Flüssigkeit bis zum Rand füllen und sofort verschließen. An einem kühlen, dunklen Ort mindestens 4 Wochen durchziehen lassen.

Tipp

Kräuter und Gewürze können Sie unkompliziert variieren, viele Gewürze wirken auf natürliche Weise desinfizierend und unterstützen so eine lange Haltbarkeit Ihrer Essiggurken. Auch Piment- oder Pfefferkörner, Meerrettichscheiben, Koriander und Fenchel passen zum Beispiel sehr gut zu Essiggurken.

Bavarian Saté: Haselnusssauce für allerlei Spießchen

Zeit: 10 Minuten und 30 Minuten Kochzeit

Eichhörnchen und Kinder sind die Einzigen, die bei uns heute noch Haselnüsse sammeln. Dabei steht ein Busch an jeder Ecke, und die frisch gesammelten und geknackten Nüsse schmecken besser als gekaufte. Besonders reizvoll sind sogar die Nüsse, die noch nicht ganz reif sind. Probieren Sie es aus. Zunächst mit einer kleinen Menge.

Für 1 Glas mit ca. 450 ml Inhalt: 150 g Haselnüsse, 400 ml Brühe oder Wasser, 2 Knoblauchzehen, 1 Zwiebel, 1 TL Koriandersamen, 1–4 Chilischoten, Salz, 2 EL Öl

Backofen auf 200 Grad (Umluft 180 Grad) vorheizen. Haselnüsse auf ein Ofenblech legen und ca. 10 Minuten im Ofen rösten, bis die braune Haut beginnt sich zu lösen und die Nüsse duften. (Bei grünen Haselnüssen ist die Haut noch nicht so ausgeprägt, die einfach rösten, bis sie duften.) Haselnüsse in einem Küchentuch aneinanderreiben um die Häutchen zu entfernen, die Nüsse grob hacken, mit einem großen Messer oder in einem Blitzhacker. Knoblauch und Zwiebel schälen und grob zerkleinern. Chilis ebenfalls grob zerkleinern. Alles zusammen mit Nüssen und Brühe aufkochen, salzen und 30 Minuten bei schwacher Hitze garen.

Haselnüsse mit dem Kochwasser so fein wie möglich pürieren, abschmecken. Die Sauce in ein Glas füllen und mit Öl bedecken. Mit Öl bedeckt hält die Haselnusssauce 1–2 Monate im Kühlschrank.

Dazu passen Kürbisspießchen: 600 g Hokkaidokürbis in 2 cm große Würfel schneiden, in 1 EL Öl wenden, salzen, pfeffern und auf Holzspießchen stecken. 15 Minuten bei schwacher Hitze von allen Seiten grillen, am besten auf einem Grill mit Dekkel. 4 Speckstreifen knusprig grillen und mit ein paar Thymianblättchen über die fertigen Spießchen bröseln. Für eine größere Grillparty kann man die Haselnusssauce gut mit Chili-Sauce (siehe S. 118) oder meiner Aprikosen-Chili–Sauce aus »Kochen (fast) ohne Zeit« kombinieren.

Marinierte Auberginenröllchen

Zeit: 30 Minuten, 12 Stunden und 6 Wochen Ruhezeiten

Knackig, frisch und billig sind Auberginen, Eierfrüchte oder Melanzane nur im Hochsommer. Und nur dann schmecken sie auch wirklich toll, finde ich. Trotz ganzjähriger Verfügbarkeit. Vielleicht reisen auch Auberginen nicht gerne? So wie Spargel? Zum Glück lassen sich die Früchte sehr gut einlegen für sonnige Antipasti-Abende im Winter.

Für ein Einmachglas mit ca. 1 l Inhalt:

1 kg Auberginen, 150 g Salz (z.B. grobes Meersalz), 3 Bio-Zitronen, 1 TL geschroteter Pfeffer, 4 Lorbeerblätter, 100 ml Olivenöl

Auberginen waschen, den Stiel entfernen, die Frucht der Länge nach in 3–4 mm dünne Scheiben schneiden. Die Scheiben abwechselnd mit 100 g Salz in eine Schüssel stapeln, mit einem flachen Teller belegen und mit einem Gewicht beschweren, z.B. mit einem wassergefüllten Topf. Auberginen 12 Stunden in den Kühlschrank stellen.

Die Scheiben aus der Schüssel nehmen und mit kaltem Wasser abspülen, gut abtropfen lassen und ausdrücken. Zitronen heiß abwaschen. Zwei Zitronen mit einem Messer so schälen, dass dabei die weiße innere Haut mit der Schale entfernt wird. Die Zitronenschale in 5 mm dicke Streifen schneiden. Das Fruchtfleisch in Scheiben schneiden, die Kerne entfernen, den Rest in einem Blitzhacker pürieren. Die dritte Zitrone auspressen, den Saft mit dem Zitronenpüree verrühren. Jeweils einen Zitronenschalenstreifen auf jede Auberginenscheibe legen und eng einrollen.

Glas und Deckel auskochen oder sehr heiß ausspülen. Auberginenröllchen mit Pfeffer und dem restlichen Salz eng in das Glas schichten. Mit Zitronenpüree aufgießen, die Röllchen noch einmal andrücken und mit Lorbeerblättern belegen. Zum Schluss mit Olivenöl auffüllen, so dass alles bedeckt ist. Wenn Sie die Röllchen mit einem säurefesten Kiesel beschweren, steigen sie nicht so leicht an die Oberfläche und Sie benötigen weniger Öl um das Gemüse luftdicht abzuschließen. Säurefest sind Steine die keinen Kalk enthalten, wie zum Beispiel Granit, Feuerstein, Quarze. Ich habe als Kind eine Zeit lang bunte Halbedelsteine gesammelt, einige sind noch da, deshalb beschwere ich meine Auberginen gerne mit Rosenquarz oder Bergkristall. Aber egal wie Sie das Glas verschließen, die Röllchen müssen mindestens 3 Monate an einem kühlen, dunklen Ort durchziehen.

Dazu passen Ofenkartoffeln oder Pellkartoffeln mit Quark oder andere Antipasti und Weißbrot. Die Auberginenröllchen in Scheiben schneiden und ähnlich wie Sardellen servieren.

Zucchinisauce

Zeit: 15 Minuten und 60 Minuten Garzeit

Kennen gelernt haben ich diese Art von Zucchinisauce als Grundlage für ein provençalisches Käsefondue: Für 4 Personen einfach 150 g Greyerzer oder einen anderen Bergkäse reiben und in der Hälfte der Zucchinisauce schmelzen, die das Rezept ergibt. Mit Weißbrotwürfeln servieren. Wer will, würzt noch mit etwas Thymian, Salbei oder Rosmarin.

Für 4 Gläser mit je ca. 450 ml Inhalt:
3 kg Zucchini, 4 Zwiebeln, 1 Knoblauchknolle, 100 ml Olivenöl (oder Pflanzenöl), Salz, Pfeffer, Saft von 1–2 Zitronen

Außerdem: 1 großer Topf, Schraubdeckelgläser

Zucchini waschen und grob reiben. Sehr große Garten-Zucchini vorher schälen, längs halbieren, das Kernhaus herauskratzen, falls es weich und schwammig wirkt. Zwiebeln und Knoblauch schälen und in dünne Scheiben schneiden. Olivenöl in einem großen Topf erhitzen. Die vorbereiteten Zutaten in den Topf geben, salzen und zudecken. 50-60 Minuten bei schwacher Hitze dünsten, bis das Gemüse vollständig zerfällt. Dabei immer wieder umrühren. Zitronen auspressen. Zucchinisauce mit Salz, Pfeffer und Zitronensaft abschmecken.

Schraubdeckelgläser, wie für Tomatensauce, im Ofen bei 100 Grad Umluft (120 Grad ohne Umluft) mindestens 10 Minuten sterilisieren. Die Deckel in kochendem Wasser sterilisieren.

Kochend heiße Zucchinisauce in die heißen (Handschuhe verwenden!) Gläser einfüllen und sofort verschließen. Beim Abkühlen bildet sich ein Vakuum in den Gläsern, das die Sauce konserviert – nicht ganz so lange wie Tomatensauce, aber mindestens 2 Monate. Bei großen Mengen lohnt es sich, erst die gefüllten Gläser zu sterilisieren (siehe S. 41), dann hält die Sauce bis zum nächsten Sommer.

Unabhängig davon, welche Konservierungsmethode Sie verwenden: Hat sich in der einen oder anderen Flasche kein Vakuum gebildet, diese kühlen und bald verbrauchen.

Anwendung

Ideal als Pastasauce, zu Reis oder Kartoffeln, eventuell mit wenig Edelpilzkäse verfeinern. Mit etwas Wasser wird daraus eine Zucchinisuppe.

Sonntagsvariante

Zucchiniblüten aus dem Garten mit einer Polenta aus 3 Teilen Milch, 4 Teilen Wasser und 2 Teilen Polentagrieß füllen. Mit zerlassener Butter bestreichen, mit geriebenem Käse betreuen, im Ofen kurz überbacken und mit Zucchinisauce servieren.

Traditionelle Kirschkonfitüre

Zeit: 60 Minuten und 12 Stunden Ruhezeit

Ganze Kirschen sind für mich ein besonderer Genuss auf dem Marmeladenbrot. Damit die Kirschen ganz bleiben können, müssen wir sie in einem zweistufigen Verfahren einkochen. Die einfache Kochzeit reicht nicht aus, um größere Fruchtstücke gleichmäßig mit Zucker zu durchdringen. Konditoren verwenden das Verfahren häufig für ihre Konfitüren. Besonders gut funktioniert die Methode mit den pektinarmen Kirschen, wenn wir den Trick anwenden, aber trotzdem Gelierzucker verwenden.

Für 4 Gläser mit je ca. 450 ml Inhalt:
1,8 kg Kirschen, 2 EL Zitronensaft, 500 g Gelierzucker 3plus1

Außerdem: **1 großer Topf, Schraubdeckelgläser**

Die Kirschen waschen und entsteinen. 1,4 kg abwiegen, mit Zitronensaft in einen großen Topf geben, bei mittlerer Hitze mit Deckel aufkochen. Sobald die Früchte kochen, den Topf vom Herd nehmen, den Gelierzucker unterrühren. Die Kirschen in eine kalte Schüssel umfüllen und mindestens 12 Stunden ziehen lassen.

Die Fruchtmischung wieder aufkochen und knapp 2 Minuten kochen, eine Gelierprobe machen. Falls nötig, noch eine oder zwei Minuten kochen lassen. Die kochend heiße Konfitüre sofort in heiß ausgespülte Gläser füllen. Dabei fülle ich meistens ein oder zwei Gläser als Gelee ab, ganz ohne Früchte, so steigt der Fruchtanteil in den restlichen Gläsern.

Sonntagsvariante

Obstbauern halten sich meist nicht mit exotischen Fruchtkombinationen auf, wenn sie Konfitüren kochen, denn dafür fehlt während der Ernte die Zeit. Doch ein Schuss Schnaps geht immer. Für Kirschkonfitüre kurz vor Ende der Kochzeit **Kirschbrand, Aprikosengeist oder auch Rum** zugeben. Mehr als 2–3 cl/kg sollten es nicht sein, denn Alkohol behindert den Geliervorgang.

Milchreisdessert mit Kirschkonfitüre

200 g Milchreis in Wasser mit einer Prise Salz 10 Minuten kochen, dann abgießen und mit 500 ml Milch, 1 EL Vanille- oder Zitronenzucker (siehe S. 88) neu aufsetzen, bei geringer Hitze 15 Minuten gar ziehen lassen. Milchreis mit dünnen Schichten Kirschkonfitüre in Portionsgläser füllen und warm oder kalt servieren.

Aprikosen-Grill-Röster

Zeit: 40 Minuten

Zünden Sie für dieses Rezept nicht extra ein Feuer an – Sie können die Früchte auch einfach im Gewürz-Sirup aufkochen, abfüllen und dann sterilisieren. Wenn das Feuer aber sowieso brennt, dann gibt die heiße Anfangsglut den Früchten ein ungewöhnliches, angenehmes Grillaroma.

Für Schraubdeckelgläser mit ca. 1000 ml Inhalt: 1 kg Aprikosen, 2 Bio-Zitronen, 1 EL Wacholderbeeren, 1 Rosmarinzweig, 2 Lorbeerblätter, 250 g Zucker

Außerdem: 2 Alu-Grillschalen,

Aprikosen waschen, halbieren und entsteinen. Aprikosenhälften mit der Haut nach unten in die Grillschalen legen und 10 Minuten bei großer Hitze grillen (am besten gleich zu Anfang einer BBQ-Session).

Zitronen heiß waschen und abtrocknen, die Schale in hauchdünnen Streifen abschneiden. Den Saft auspressen. Wacholder quetschen und mit Zitronensaft, Schale, Rosmarin, Lorbeer, Zucker und 250 ml Wasser aufkochen.

Aprikosen in die Gläser schichten, mit dem heißen Sirup aufgießen, verschließen und dann 20 Minuten in kochendem Wasser sterilisieren (siehe S. 41).

Dazu passt der Reisauflauf meiner Kindheit, den gab es, wenn noch etwas gekochter Reis vom Vortag übrig war. Dafür 500 g Quark in einem Sieb abtropfen lassen. 60 g Butter mit 100 g Zucker weißschaumig schlagen, Quark und 2 Eigelb unterrühren. Das Eiweiß mit 50 g Zucker steif schlagen, unter die Buttercreme ziehen. Eventuell Saft und geriebene Schale einer halben Zitrone zugeben, ein Päckchen Vanillezucker schadet auch nicht. Ca. 350 g gekochten Reis (das entspricht ca. 100 g trockenem Reis) untermischen und in einer gebutterten Auflaufform bei 200 Grad (Umluft 180 Grad) 30 Minuten goldbraun backen.

Wenn Sie alle Mengen verdoppeln, den Reis weglassen, und dafür 2 gestrichene EL Grieß, 1 Pakkung Vanillepuddingpulver und 1 TL Backpulver unter die Quarkmasse rühren, dann müssen Sie die Mischung nur noch in einer Springform backen für einen wunderbaren ***Käsekuchen.***

Anhang

Register
A bis Z

A

B

C

D

E

F

G

H

J

K

L

M

N

O

P

Q

R

S

T

V

W

Z

Rezepte

Salate

Suppen und Saucen

Reis und Couscous

Pasta und Teigwaren

Gemüse

Kartoffelgerichte

Fleisch

Geflügel

Fisch und Meeresfrüchte

Brot und Gebäck

Süßspeisen

Rezepte A bis Z

Danke

Wie mache ich es Ihnen leicht, gut zu kochen – zu besonderen Gelegenheiten, vor allem aber auch im Alltag? Das ist die Frage, die mich leitet, wenn ich ein Kochbuch schreibe. In »Kochen (fast) ohne Rezept«, dem ersten Band meiner kleinen Reihe, versuche ich Sie von der Diktatur fester Kochrezepte zu befreien, durch Beispiele und einfache Erklärungen küchentechnischer Zusammenhänge. An den Reibungsflächen zwischen guter Küche und dem modernen Leben wird es besonders spannend gut zu kochen, deshalb schrieb ich die anderen beiden Teile der Trilogie: »Kochen (fast) ohne Zeit« und jetzt »Kochen (fast) ohne Geld«. Sicher fühle ich mich dabei immer im Bereich der guten Küche – schließlich habe ich lange in sehr guten Restaurants gekocht. Wo es um die Alltagstauglichkeit meiner Ideen geht, bin ich natürlich auch sehr auf die Anregungen und Rückmeldungen aus meinem Umfeld angewiesen. Menschen, die gerne kochen und essen, aber eben keine Profis sind. Dafür danke ich meiner Tochter Emma, die inzwischen anfängt selber zu kochen, und meiner Frau Susanna. Sie ist nicht nur meine Frau, sondern auch die Food-, Garten- und Reiseautorin Susanna Bingemer. Ihr danke ich auch dafür, dass sie jeden meiner Sätze als Erste liest. Außerdem danke ich Ulla, Inge, Karin, Alida, Ralf und Nike und natürlich, wie immer, auch der Magnolienweg-Genießer-Gang.

Alle neuen Rezepte bespreche ich zuerst mit Alex Kühn – Koch, Foodstylist und Chef meiner Versuchsküche. Viele der Rezeptentwürfe bringt er dann zu Papier, bevor wir alles testen, kosten, überarbeiten, verfeinern und ich die endgültigen Texte schreibe. Vielen Dank! Barbara Bonisolli hat wieder die wunderbaren Bilder fotografiert – jedem einzelnen davon sieht man an, dass die Fotografin selber sehr viel von gutem Essen versteht. Dank gebührt auch Anja Prestel. Die talentierte Jungfotografin hat die digitale Bildbearbeitung übernommen.

Monika König, Cornelia Hanke und Angelika Vogl haben bisher alle meine Bücher für den Verlag Mosaik bei Goldmann betreut. Wie immer war die Zusammenarbeit sehr unkompliziert, freundlich und produktiv – vielen Dank.

Ganz besonders danke ich Jan Weiler für sein liebevolles Vorwort.

Hans Gerlach
KOCHEN
FAST OHNE ZEIT
DIE SCHNELLSTE NUDEL, DAS BESTE BROT UND WIE SICH DER BRATEN SELBER SCHMORT
Mosaik bei GOLDMANN